महाभोज

(नाटक)

महाभोज

मन्नू भंडारी

राधाकृष्ण प्रकाशन

ISBN : 978-81-7119-646-3

महाभोज (नाटक)

पहला संस्करण : 1983
आठवाँ संस्करण : 2023

मूल्य : ₹395

प्रकाशक
राधाकृष्ण प्रकाशन प्राइवेट लिमिटेड
जी-17, जगतपुरी, दिल्ली-110 051
शाखाएँ : अशोक राजपथ, साइंस कॉलेज के सामने, पटना-800 006
पहली मंजिल, दरबारी बिल्डिंग, महात्मा गांधी मार्ग, प्रयागराज-211 001
वेबसाइट : www.radhakrishnaprakashan.com
ई-मेल : info@radhakrishnaprakashan.com

मुद्रक
विकास कंप्यूटर एंड प्रिंटर्स
ट्रॉनिका सिटी-201 102

MAHABHOJ
by Mannu Bhandari

ओंप्रकाशजी की स्मृति में

प्रथम प्रस्तुति

राष्ट्रीय नाट्य विद्यालय के रंग-मंडल द्वारा
(मार्च-अप्रैल, 1982)

निर्देशन : श्रीमती अमाल अलाना
मंच-सज्जा : श्री निसार अलाना

पात्र

दा साहब : मनोहर सिंह
सुकुल बाबू व
बिसू (मृत) : अनिल कपूर
अप्पा साहब : हेमन्त मिश्र
पांडेजी : वागीश कुमार सिंह
लखन : प्रमोद माउथो
जमना बहन : सुरेखा सीकरी
सक्सेना, एस. पी. : अनंग देसाई
सिन्हा, डी.आई.जी. व
फ़ोटोग्राफ़र : राजू बारोट
दत्ता बाबू : जी. पी. नामदेव
भवानी : प्रेम मटियानी
नरोत्तम व मोहनसिंह : रवि झाँकल
रत्ती : जी. एस. बेदी
महेश एवं सूत्रधार : विजय कश्यप
बिन्दा : वसन्त जोसलकर
हीरा : रघुवीर यादव
थानेदार : युवराज शर्मा
जोरावर : राजेश विवेक
काशी : विनोद वर्मा
रुक्मा : उत्तरा बावरकर

लठैत : इक़बाल मेंहदी
जोगेसर साहू : अमिताभ श्रीवास्तव
बिसू की माँ व
जोरावर की लड़की : नूतन सूर्य
श्रीमती सिन्हा : उषा बैनर्जी
डी.आई.जी. की
पार्टी के मेहमान : विनोद वर्मा, निरुपमा वर्मा, रश्मि शर्मा, अनिल कपूर, अमिताभ श्रीवास्तव, रघुवीर यादव, जी. एस. बेदी, डॉली अहलूवालिया, आशा देवी।
गाँव वाले : रवि झाँकल, रमेश अथवाल, ओमप्रकाश, भरतसिंह, बासू पाटिल, मास्टर फ़िलिप, राधेश्याम, नूतन सूर्य, डॉली अहलूवालिया, उषा बैनर्जी, आशादेवी, निरुपमा, प्रेम मटियानी, तेजपाल, प्रमोद राज़दान, बच्चनसिंह, दिलबरसिंह, बालम सिंह, अयोध्याप्रसाद, शिवप्रसाद, यूसुफ़ ख़ान, राजेन्द्रसिंह, मनोहर पिताले!

मंच-पार्श्व

मंच-व्यवस्था : जी. एस. मराठे
मंच सज्जा सहायक : युवराज शर्मा, इक़बाल मेंहदी
मंच निर्माण : दिलीपचन्द
वस्त्र-सज्जा : अमाल अलाना
सहायक : डॉली अहलूवालिया, रवि झाँकल, रघुवीर यादव
मंच-सामग्री : निसार अलाना
सहायक : उषा बैनर्जी, राजू बारोट, ओमप्रकाश, प्रमोद राज़दान, बासू पाटिल, नूतन सूर्य
प्रकाश-परिकल्पना : निसार अलाना, जी. एस. मराठे
सहायक : राधेश्याम, रमेश अथवाल
ध्वनि संयोजन एवं संचालन : प्रेम मटियानी, पी. डी. वॉल्सन, प्रमोद माउथो
फ़ोटोग्राफ़र : टी. विश्वनाथ, एस. त्यागराजन
प्रचार : सुरेखा सीकरी, प्रेम मटियानी, अनंग देसाई
प्रस्तुति-सहायक : जी. पी. नामदेव

राष्ट्रीय नाट्य-मंडल के प्रमुख : मनोहर सिंह

मंच-प्रस्तुति से पहले

'महाभोज' पहले उपन्यास और फिर नाटक के रूप में लिखना मेरे लिए बिलकुल दो भिन्न रचनात्मक अनुभवों से गुज़रना रहा है। स्वाभाविक भी है, क्योंकि हर विधा की अपनी अलग ज़रूरतें होती हैं, अलग शर्तें। उपन्यास लिखते समय उसकी स्थितियों, समस्याओं और पात्रों के साथ ही पाठक का अस्तित्व भी इस तरह घुल-मिल गया था कि अलग से कभी उसका बोध ही नहीं हुआ। लेकिन नाटक को तो दर्शक से ही आरम्भ करना पड़ा, और उसकी निरन्तर उपस्थिति लेखन को कहीं-न-कहीं नियंत्रित और निर्धारित भी करती रही। उपन्यास के पूरे विस्तार को कसी हुई और प्रभावपूर्ण दृश्य-योजना में बदलना, अपने को अनुपस्थित करके केवल संवादों और क्रियाओं या मुद्राओं के माध्यम से सारे पात्रों और स्थितियों को उजागर करना, सारी प्रस्तुति को सीमित अवधि और रंग-स्थलों में केन्द्रित कर देना—ये और ऐसी ही जाने कितनी अपेक्षाएँ और सीमाएँ थीं जिनसे बँधकर मुझे अपनी बात कहनी थी, कथ्य के प्रभाव को पूरी तरह सुरक्षित रखते हुए। इस प्रकार नाटक की अपेक्षाओं और अपने मन्तव्य के बीच निरन्तर सन्तुलन-बिन्दु खोजते जाना मेरे उपन्यासकार के लिए निहायत ही नया अनुभव था। निश्चय ही इस प्रक्रिया ने मेरी समझ और दृष्टि को अधिक व्यापक और समृद्ध किया।

उपन्यास के रूप में 'महाभोज' न चरित्र-प्रधान उपन्यास है, न समस्या-प्रधान। वैसे कथानकों में आसानी यह होती है कि सारी चीज़ को समेटकर चरित्र या समस्या के आसपास केन्द्रित कर दिया जाता है। रचना तब चुस्त भी लगती है और नुकीली भी। 'महाभोज' आज के राजनीतिक माहौल को उजागर करने वाला स्थिति-प्रधान उपन्यास है। आज राजनीति

को स्वप्नों, आदर्शों और मूल्यों वाला व्यक्ति नहीं चलाता, बल्कि राजनीति ख़ुद अपने चरित्र गढ़ती चलती है—ऐसे चरित्र जो अपने भीतरी निर्णय, विवेक या साहस से नहीं चलते, वरन स्थितियों के दबाव से बनते-बिगड़ते हैं। उनका महत्त्व इसमें निर्जीव मोहरों से अधिक नहीं। हर प्यादे की लड़ाई फ़र्ज़ी बनने की है और लड़ाई की इस बिसात ने समाज के हर वर्ग को धीरे-धीरे अपने चंगुल में कस लिया है। लेकिन मनुष्य क्या इतनी आसानी से अपने को स्थितियों के हवाले कर देता है? वह बिलकुल भी प्रतिरोध नहीं करता? इस अर्थ में यह उपन्यास स्थिति-प्रधान भी है और यथास्थिति के विरुद्ध विद्रोह भी।

व्यापक पृष्ठभूमि और चरित्रों की भीड़ वाले इस कथानक को केवल दो-ढाई घंटे की सीमित अवधि में समेटकर नाटक के रूप में प्रस्तुत करने के लिए उपन्यास को बेहद निर्ममता से काटना, बदलना या नए ढंग से लिखना मेरी मजबूरी थी। इस प्रयास में मुझे बराबर सहयोग मिला नाटक की निर्देशिका श्रीमती अमाल अलाना और प्रेम मटियानी से। उनके साथ निरन्तर विचार-विमर्श करके जो आलेख तैयार किया, रिहर्सल के दौरान उसमें भी अनेक सम्पादन-संशोधन करने पड़े। मंच के लिए आलेख के अन्तिम रूप तक आने में अमाल अलाना और प्रेम मटियानी के सक्रिय सहयोग के अतिरिक्त विजय कश्यप और डॉ. शैल कुमारी का योगदान भी उल्लेखनीय है। शायद दुनिया के हर नाटक को काग़ज़ से मंच तक पहुँचने में इसी प्रकार के सहयोगी प्रयासों और सुझावों से गुज़रना पड़ता है।

—मन्नू भंडारी

मंच-प्रस्तुति के बाद

और आख़िर 'महाभोज' मंचित हुआ। अगर पत्र-पत्रिकाओं, नाट्य-समीक्षकों और सबसे अधिक दर्शकों की प्रतिक्रियाओं पर विश्वास किया जाए तो यह नाट्य-जगत की एक अभूतपूर्व घटना है। आलेख, निर्देशन, मंच-सज्जा, प्रकाश-योजना और राष्ट्रीय नाट्य विद्यालय के रंग-मंडल के सधे और मँजे हुए कलाकारों का अभिनय—सभी बातों का कुछ ऐसा सन्तुलित तालमेल बैठ गया था कि नाटक के प्रभाव ने एक बार तो दर्शकों को स्तब्ध कर दिया। कथ्य की प्रासंगिकता को देखते हुए यह विश्वास तो हम सभी को था कि दर्शक सहज ही इसके सहभागी हो जाएँगे, लेकिन नाटक इस हद तक उनको आन्दोलित और उद्वेलित कर देगा, इसकी कल्पना नहीं की थी। वस्तुत: इस प्रभावोत्पादक सफलता का श्रेय इसकी प्रस्तुति को ही है।

लेकिन नाटक की यह सफलता आज मेरे लिए एक सीमा भी बन गई है। सच पूछिए तो अमाल ने जिस लगन, परिश्रम और व्यक्तिगत लगाव के साथ इसे मंच-रूप दिया, उसके बाद कुछ भी कहना मेरे लिए शायद उचित नहीं था। हाँ, एक असहमति जो मुझे प्रारम्भ में भी थी, आज भी है। पूरे नाटक में सूत्रधार की कोई संगति और सार्थकता मैं नहीं समझ पाई। अमाल का तर्क था कि नाटक में केन्द्रीय पात्र की अनुपस्थिति में सारी स्थितियों को एक तटस्थ दर्शक की तरह देखकर समेटने के लिए उन्हें सूत्रधार की आवश्यकता महसूस हुई और यह काम उन्होंने मध्यवर्गीय प्रबुद्ध शोध-छात्र महेश से लिया, ताकि पूरे नाटक को एक एंगिल दिया जा सके। मेरे विचार से इस प्रकार के केन्द्रीय पात्र-विहीन और स्थिति-प्रधान नाटकों में दर्शक स्वयं सीधे स्थितियों के साथ तादात्म्य स्थापित कर लेता है, उनका सहभागी हो जाता है और स्वयं ही केन्द्रीय पात्र की

भूमिका निभाने लगता है। इसके अतिरिक्त नाटक की समाप्ति पर सूत्रधार का शब्दहीन संवाद इस बात को तो स्पष्ट कर देता है कि स्थितियाँ अब कहने-सुनने से परे चली गई हैं, लेकिन इससे उपन्यास में विद्रोह और संघर्ष की जिस निरन्तरता की ओर संकेत है, वह कहीं-न-कहीं धुँधला होकर टूटता-सा लगता है। बेहतर तो यह होता कि महेश किसी प्रकार बिन्दा के संघर्ष को आगे बढ़ाने वाली कड़ी के रूप में उभरकर आता और इस विश्वास की पुष्टि करता कि विद्रोह की आग दबाई तो जा सकती है, पूरी तरह कुचली नहीं जा सकती!

बहरहाल, दिल्ली के दर्शकों ने जिस गर्मजोशी और लगाव-भरे उत्साह से इस नाटक का स्वागत किया, इससे दिल्ली में इसके अनेक प्रदर्शन होने की सम्भावना बढ़ गई है। बम्बई, कलकत्ता, पटना आदि शहरों से लगातार इसके आलेख की माँगें आ रही हैं और निश्चित है कि वहाँ भी इसका मंचन होगा; लेकिन क्या यह नाटक कभी उन लोगों तक भी पहुँच पाएगा जिनकी व्यथा-कथा इसमें है? इस बात का मुझे पूरी तरह अहसास है कि अल्प-साधनों वाली छोटी-छोटी रंग-मंडलियों के लिए इस तरह के बहु-पात्रीय और रंग-स्थलीय नाटकों का मंचन-मात्र ही अपने-आप में एक भारी समस्या है, लेकिन साथ ही यह भी सच है कि इस तरह के नाटक ही रंग-कर्मियों के लिए चुनौती भी होते हैं और नए-नए मंच-कौशल या तकनीकी ईजाद के लिए प्रेरणा-स्रोत भी। आज देश के अनेक भागों में कई नाट्य-मंडल ऐसे भी हैं, जिनके लिए नाटक मात्र एक कला-अभ्यास ही नहीं, बल्कि सामाजिक जागृति और संघर्ष का हथियार भी है। इनमें से यदि कुछ अपने-अपने क्षेत्र में 'महाभोज' का मंचन करें तो यह तय है कि प्रस्तुति इतनी भव्य, कलात्मक और सफल नहीं होगी पर शायद सार्थक अधिक हो, क्योंकि मूलत: यही इस नाटक की आत्मा की माँग है। बड़े-बड़े नगरों के सभ्य नागरिकों के लिए 'महाभोज' की तकलीफ़ एवं संघर्ष सुपरिचित स्थिति से दिल दहला देने वाला, लेकिन मात्र एक कलात्मक साक्षात्कार-भर है, जबकि देश की संघर्षरत जनता के लिए साहस और प्रतिरोध का हथियार भी।

—मन्नू भंडारी

महाभोज

पात्र

दा साहब : मुख्यमंत्री
सुकुल बाबू : भूतपूर्व मुख्यमंत्री, विरोधी-पार्टी के नेता
अप्पा साहब : सत्तारूढ़ पार्टी के अध्यक्ष
पांडेजी : दा साहब के निजी सचिव
लखन : दा साहब का विश्वास-पात्र, सरोहा चुनाव के लिए प्रत्याशी
जमना बहन : दा साहब की पत्नी
सक्सेना : एस. पी.
सिन्हा : डी. आई. जी.
दत्ता बाबू : 'मशाल' साप्ताहिक के सम्पादक
भवानी : 'मशाल' का सहायक सम्पादक
नरोत्तम : प्रेस-रिपोर्टर
महेश : रिसर्च-स्कॉलर एवं सूत्रधार
रत्ती : दा साहब का पी. ए.
मोहनसिंह : पुलिस कॉन्स्टेबल
बिसू : हरिजनों का हमदर्द, जो मार दिया गया है।
हीरा : बिसू का बाप
बिन्दा : बिसू का अभिन्न मित्र
रुक्मा : बिन्दा की पत्नी
जोरावर : सरोहा का ज़मींदार-नुमा नव-धनाढ्य किसान
काशी : सुकुल बाबू का विश्वसनीय कार्यकर्ता
थानेदार : सरोहा का थानेदार, जोरावर का चमचा
लठैत : जोरावर का आदमी
लड़की : जोरावर की लड़की
जोगेसर साहू : सरोहा का बनिया

दृश्य : एक

[गाँव का मैदान। बिसू की माँ का हृदय-विदारक क्रन्दन सुनाई देता है। धीरे-धीरे मंच पर प्रकाश होता है। बिसू की लाश रखी है, उसकी माँ छाती पीट-पीटकर रो रही है। बाप घुटनों में सिर दिये बैठा है। चारों तरफ़ लोग जमा हैं। माहौल में सनसनी और तनाव है। रिसर्च-स्कॉलर महेश, जो सूत्रधार की भूमिका भी अदा कर रहा है, अपनी जगह से चलकर आगे आता है। बाक़ी दृश्य फ्रीज़ हो जाता है।]

सूत्रधार : लावारिस लाश को गिद्ध नोच-नोचकर खा जाते हैं। पर बिसेसर लावारिस नहीं। उसकी लाश सड़क के किनारे पुलिया पर पड़ी मिली, शायद इसीलिए लावारिस लाश का ख़याल आ गया। वरना उसके तो माँ भी है और बाप भी। ग़रीब भले ही हों, पर हैं तो। विश्वास नहीं होता था कि वह मरा पड़ा है। लगता था जैसे चलते-चलते थक गया हो और आराम करने के लिए लेट गया हो। मरे और सोये आदमी में अन्तर ही कितना होता है भला? बस, एक साँस की डोर, वह टूटी और आदमी गया। देखते-ही-देखते सारा गाँव जमा हो गया।

[लोग एक-दूसरे को धकेलते हुए लाश के पास आ रहे हैं। भीड़ में आतंक और अजीब तरह का तनाव। एक फ़ोटोग्राफ़र तसवीरें खींच रहा है—कभी भीड़ की तो कभी लाश की। रिपोर्टर नरोत्तम चारों तरफ़ देखकर

स्थिति का जायज़ा ले रहा है...साथ ही कुछ लिख भी रहा है। एक लठैत भीड़ को लाश के पास से हटा रहा है। महेश सूत्रधार की भूमिका अदा करने के बाद फिर भीड़ में जा मिलता है। वह लाश की ओर देख रहा है, बेहद दुखी-उदास और त्रस्त!]

बिसू की माँ : हाय हमार बचवा रे...अरे हमार बिटवा रे...अरे हमार गऊ जस बिटवा के कउन मार दिहिस रे...?

रुक्मा : *(ख़ुद रोते-रोते)* चुप कर काकी, चुप कर...धीरज धर!

[लठैत आता है, लाश के पास घिर आए तीन-चार आदमियों को धकेलकर हटाता है।]

लठैत : अरे हियाँ का ज्यौनार हुई रही? चले आए सब-के-सब...हटो हियाँ से! इन सउरन के काम न धन्धा...गाँव मा पत्ताओ खड़के तो मुदा...!

[सबको धकेलकर हटा देता है। एक ओर से पांडेजी और थानेदार आते हैं।]

थानेदार : चिन्ता काहे करते हैं पांडेजी...हम अभी मुआयना करके तहक़ीक़ात किये लेते हैं। *(चादर हटाकर लाश का अच्छी तरह मुआयना करता है। चादर ढक्कर, हवा में डंडा घुमाते हुए एक चक्कर लगाता है। घूरकर सबको देखता है। लोग सहमे हुए थरथराने लगते हैं। घूमकर वापस लाश के पास आता है। सबको सम्बोधित करके)* सबसे पहले को देखिस रहा लहास का? *(सब चुप। कड़ककर)* बोलो, को देखिस रहा?

जोगेसर साहू : *(काँपता-थरथराता सामने आता है)* हम देखा रहे, सरकार...पर हम...!

थानेदार : कौन जोगेसर? हियाँ आओ *(जोगेसर काँपता हुआ और पास आता है)* जब लहास देखी आस-पास कोई अउर था?

जोगेसर : *(डरते हुए)* नाहीं, सरकार!

थानेदार : बिसू कछु हिलत-डुलत रहा?

जोगेसर : नाहीं सरकार, ऊमा तो जानै नहीं रही!

थानेदार : हूँऽऽ! *(एक बार फिर चादर हटाकर लाश देखता है। पांडेजी से)* मार-पीट या चोट का तो कौनो निसानौ नहीं। ख़ुदै कुछ खा-खुआकर सो गया होगा ससुरा।

महेश : *(थानेदार के पास जाकर)* नहीं-नहीं, ऐसा तो वह कर ही नहीं सकता!

लठैत : का बात है, महेस बाबू! तोहार सगा लगत रहा का?

[थानेदार से थोड़ा-सा हटकर तीन-चार लोग धीरे-धीरे आपस में बातें कर रहे हैं।]

पहला : ई सहरी बाबू ठीक कहत रहा...बिसू आपन मौत नाहीं मरा।

दूसरा : सो तो हमहूँ जानत हैं।

पहला : जुलुम की हद हुई गई अब तो...जीना मुसकिल हुइ गवा हम गरीबन का तो गाँव मा!

तीसरा : सरीर मा चोट न घाव...जाने कइसे मारिस है कि...!

दूसरा : हीरा बतावत रहा कि रात मा तो घर मा ही सोवा रहा और भिनसारे लहास पुलिया पर।

जोगेसर : *(थानेदार के पास जाकर रिरियाते हुए)* सरकार, ई मामला मा हमार कौनो हाथ नाहीं! हम बेकसूर रहिन, सरकार! हमका बीच मा न घसीटो।

थानेदार : लेन-देन कइसे नाहीं? तुमही का तो जल्दी पड़ी रही लहास देखन की। तुम तो थाना तलक घसीटे जाओगे! *(हवा में डंडा घुमाकर, ज़ोर से)* तुम सब!

[भीड़ में से कुछ लोग इधर-उधर सरकने की कोशिश करते हैं। सारी हलचल फ्रीज़ हो जाती है। सूत्रधार आगे आता है।]

सूत्रधार : गाँव सरोहा शहर से ज़्यादा दूर नहीं है, मुश्किल से बीस मील। लेकिन कुछ सालों पहले तक यही दूरी बहुत ज़्यादा थी। गाँव

में जो कुछ भी घटता गाँव का ही होकर रह जाता। शहर उससे एकदम बेअसर रहता, बेअसर और अछूता। लेकिन अब यह दूरी एकदम सिमट गई है। महीने-भर पहले की ही तो बात है, गाँव की सरहद से ज़रा परे हटकर जो हरिजन टोला है, वहाँ कुछ झोंपड़ियों में आग लगा दी गई थी, आदमियों सहित! दूसरे दिन लोगों ने देखा तो झोंपड़ियाँ राख में बदल चुकी थीं और आदमी कबाब में। लोग दौड़े-दौड़े थाने पहुँचे, पर थानेदार साहब उस दिन छुट्टी पर थे। इसके बाद गाँव वालों को तो न जाने कौन-सा ज़हरीला साँप सूँघ गया कि सबके मुँह सिल गए। बस, सबकी साँसों के साथ निकला हुआ एक ग़ुस्सा, एक नफ़रत भारी तनाव बनकर हवा में यहाँ से वहाँ तक सनसनाता रहा। लेकिन शहर में अख़बार वालों ने इस घटना को ख़ूब उछाला। विधान-सभा में भी जमकर हंगामा हुआ!

[दूर से बिन्दा आता हुआ दिखाई देता है। चेहरे पर दुख और ग़ुस्से का मिला-जुला भाव। उसे देखते ही गाँव वाले आपस में फुसफुसाते हैं—'बिन्दा आइ गवा...बिन्दा आइ गवा।' बिन्दा आकर हीरा के पास खड़ा हो जाता है। गाँव वाले एकदम चुप होकर बिन्दा की ओर देखते हैं।]

नरोत्तम : *(थानेदार से)* यह आदमी कौन है?

थानेदार : बिसू का साथी है।

नरोत्तम : इसके आते ही सब चुप क्यों हो गए? कोई ख़ास आदमी है क्या?

थानेदार : अरे ख़ास-वास कुछ नहीं...बस, हरिजनों को भड़काने वाला।

[एम्बुलेंस की आवाज़ सुनाई देती है।]

पांडेजी : *(बहुत व्यस्त-से हीरा के पास जाकर)* गाड़ी आ गई बाबा, लाश चीर-फाड़ के लिए शहर जाएगी। तुम लोग भी साथ जाओगे। डॉक्टरी जाँच के बाद...!

हीरा : *(जो इतनी देर से चुप-चुप रो रहा था, एकदम फूट पड़ता है)* नाहीं, हमार बचुआ का सरीर छलनी न करो...अरे हमार बिटवा का फूल जइसा सरीर...!

पांडेजी : *(हीरा की पीठ सहलाते हुए)* यह तो बहुत ज़रूरी है, बाबा... वरना पता कैसे लगेगा कि मौत कैसे हुई?

थानेदार : *(आसपास खड़े लोगों से)* अरे बढ़कर लहास उठाओ!

[बिसू की माँ लाश से चिपट जाती है, जैसे लाश को ले जाने नहीं देगी। रुक्मा और एक-दो औरतें उसे पकड़कर सँभालती हैं। बिन्दा सबको धकेलता हुआ अकेला ही लाश उठा लेता है। कुछ लोग माँ-बाप को पकड़कर लाश के पीछे-पीछे ले जाते हैं। फ़ोटोग्राफ़र फ़ोटो खींचता हुआ पीछे-पीछे जाता है। थानेदार भी निकल जाता है। गाँव वाले फिर सिमटकर पास आ जाते हैं।]

पहला : बिन्दा आवा तो मुला कछु बोला नहीं!...का बात है?

दूसरा : ऊका मुँह नाहीं देखा...कइसा तमतमाय रहा...अब ऊ चुप्पे बइठे वाला नाहीं।

[थानेदार लौटकर आता है।]

थानेदार : कौनो ससुरा हियाँ से हिलेगा नहीं, अभी बयान हुई है सबका!

[सब जहाँ के तहाँ स्थिर हो जाते हैं। सूत्रधार आगे आकर।]

सूत्रधार : आज तो सरोहा में पत्ते का हिलना भी एक घटना की अहमियत रखता है। महीने-भर बाद ही तो चुनाव है। यों तो चुनाव विधान-सभा की एक सीट-भर का है, फिर भी है बहुत महत्त्वपूर्ण, क्योंकि इस सीट के लिए भूतपूर्व मुख्यमंत्री सुकुल बाबू ख़ुद खड़े हो रहे हैं, यानी कि पिछले चुनाव में हारी हुई पूरी-की-पूरी पार्टी खड़ी हो रही है—ख़म ठोककर, ललकारती हुई, सत्तारूढ़ पार्टी के पूरे अस्तित्व को चुनौती देती हुई। सीट केवल एक,

पर पूरे मंत्रिमंडल के लिए जैसे एक चुनौती। यही कारण है कि आज सरोहा में घटी छोटी-से-छोटी घटना भी इसी सीट के साथ जोड़कर देखी-परखी जा रही है। वरना और दिन होता तो क्या तो बिसू और क्या बिसू की मौत!

[अन्तिम वाक्य के साथ ही मंच पर धीरे-धीरे अन्धकार।]

दृश्य : दो

[शहर—'मशाल' साप्ताहिक का कार्यालय। भवानी अपनी मेज़ पर फैली फ़ाइलों में व्यस्त। कभी एक फ़ाइल खोलता है तो कभी दूसरी। उसके स्वभाव का उतावलापन उसके काम करने के ढंग से साफ़ ज़ाहिर है। बीच-बीच में वह कुछ गुनगुनाता भी रहता है। नरोत्तम का प्रवेश। चुस्त-दुरुस्त, लेकिन गर्मी में लम्बा सफ़र करने के कारण चेहरे पर थकान, धूल और पसीना।]

नरोत्तम : दत्ता बाबू नहीं आए अभी तक?

भवानी : *(ऊपर से नीचे तक नरोत्तम के हुलिये का मुआयना करके)* आकर फिर गए हैं काम से!...पर तुमने अपना ये हुलिया क्या बना रखा है?

नरोत्तम : सरोहा से सीधा यहीं चला आ रहा हूँ। *(कंधे पर लटका झोला मेज़ पर डालकर कुर्सी पर पसर जाता है।)* वहाँ आज फिर एक और हत्याकांड हो गया। सबेरे-सबेरे पुलिया पर लाश पाई गई।

भवानी : *(उत्सुकता से)* सरोहा में...किसकी लाश?

नरोत्तम : बिसेसर नाम के किसी आदमी की, जिसे सब बिसू कहते थे!... वैसे शरीर पर चोट या घाव का तो कोई निशान नहीं था, न ही आसपास कोई हथियार मिला।

भवानी : *(यह सुनकर ही जैसे उत्साह ठंडा पड़ गया हो)* यानी नॉर्मल डेथ?

नरोत्तम : नॉर्मल? सरोहा में कुछ भी नॉर्मल रह सकता है आजकल? अभी तो पत्ता खड़केगा तो वह भी एक घटना। हेडलाइन बने ऐसी न्यूज़! चुनाव की सरगर्मी शुरू हो गई है।

भवानी : चुनाव क्या, जुम्मन पहलवान के अखाड़े का दंगल ही समझो! भूतपूर्व मुख्यमंत्री सुकुल बाबू खड़े हुए हैं ख़म ठोककर।... लेकिन ये बिसेसर कौन था?

नरोत्तम : वहीं के एक खेत-मज़दूर का लड़का। हरिजनों का हमदर्द, चाहो तो लीडर भी कह लो।

भवानी : *(प्रसन्न होकर)* हरिजनों का लीडर! *(फ़ाइलें एक तरफ़ सरकाकर कुर्सी का मुँह नरोत्तम की ओर कर लेता है)* अरे वाह! तब तो मामला तूल पकड़ेगा...दो अंकों का मसाला पक्का! *(क्षणिक विराम)* यह बताओ, पुलिस-वुलिस पहुँची या नहीं?...पिछली बार तो हद कर दी थी। नौ-नौ आदमियों को ज़िन्दा जला दिया गया और दो दिन तक पुलिस के नाम पर ख़ाकी टोपी तक नहीं दिखाई दी गाँव में!

नरोत्तम : इस बार तो मुख्यमंत्री के ख़ासुलख़ास पांडेजी वहाँ मौजूद थे! थानेदार भी तुरन्त मौक़े पर हाज़िर। पोस्टमॉर्टम के लिए लाश शहर पहुँच चुकी है। सब काम फटाफट! *(सिगरेट सुलगाकर)* अच्छा भवानी भाई, ऐसा नहीं लगता कि सरोहा में खेत-मालिकों के अत्याचार बहुत बढ़ते जा रहे हैं? क़ानून का तो जैसे कोई डर ही नहीं रह गया!

भवानी : जब सैंया भये कोतवाल तो डर काहे का!...इन लोगों तक पहुँचते-पहुँचते क़ानून भी साला लँगड़ा हो जाता है!

नरोत्तम : कभी-कभी सोचता हूँ कि आज़ादी मिले इतने साल हो गए, लेकिन आज भी इस तबक़े की हालत! आदमियों को जानवरों की तरह ट्रीट किया जाता है। इट्स रियली हॉरिबल... रादर शेमफ़ुल!

भवानी : पर आती किसे है शर्म? सब जगह यही हाल है!

नरोत्तम : *(क्रोध और क्षोभ के साथ)* जातिवाद का जैसा घिनौना रूप आज़ादी के बाद देखने को मिला है, वैसा...।

भवानी : ख़ैर, ये इंटेलेक्चुअल दुख की बातें बाद में...फ़िलहाल आप सरोहा की रिपोर्ट तैयार करवाइए *(पेन खोलकर नोट करने की मुद्रा में)* गाँव वालों का रिएक्शन?

नरोत्तम : पहला रिएक्शन शॉक...दूसरा आतंक! *(क्षणिक विराम)* लेकिन उसके माँ-बाप का रोना अगर एक बार सुन लेते न आप...उफ़!

भवानी : अपना फ़ोटोग्राफ़र तो पहुँच नहीं पाया होगा?

नरोत्तम : कहाँ, पुरी से कान्टेक्ट करने का कोई चांस ही नहीं बना। वैसे वहाँ एक फ्री-लान्सर तसवीरें खींच रहा था, उसी से बात कर ली है। अगले अंक के लिए मिल जाएँगी!

भवानी : यार, पुरी की बात ही कुछ और है। पिछली बार आगजनी की घटना के क्या-क्या फ़ोटोग्राफ़्स लिये थे उसने—दिल दहला देने वाले। मैक्सिमम फ़ोटोग्राफ़्स और मैक्सिमम डिटेल्स दिये थे 'मशाल' ने उस घटना के और इसीलिए वे दो अंक बिके भी यों थे *(चुटकी बजाकर)* लाइक हॉट केक्स!

नरोत्तम : कितनी भयंकर घटना थी! गाँव से लेकर विधान-सभा तक तहलक़ा मच गया था, लेकिन हुआ क्या? किसी को सज़ा होना तो दूर—पन्द्रह दिन के भीतर-भीतर सारी बात सीन पर से ग़ायब ही हो गई एकदम!

भवानी : ग़ायब हुई नहीं नरोत्तम बाबू, कर दी गई...बड़ी सफ़ाई से। इसी को कहते हैं राजनीतिक करिश्मा, जो अपने यहाँ होता ही रहता है।

नरोत्तम : लेकिन इस बार दबाना इतना आसान नहीं होगा। सुकुल बाबू इतना तूल देंगे इस बात को, और देखना इसी चक्कर में हरिजनों के काफ़ी वोट झटक लेंगे।

भवानी : *(सहमति जताते हुए)* राइट यू आर! वैसे भी सुकुल बाबू के मुक़ाबले में लखन को खड़ा करके संकट तो खड़ा कर ही लिया है दा साहब ने अपने लिए!...उनके अपने मंत्रिमंडल के लोग ही बहुत असन्तुष्ट हैं इस बात से। देखना, इतने दंड पेलने पड़ेंगे दा साहब को इस चुनाव में कि छठी का दूध याद आ जाएगा।

नरोत्तम : अच्छा भाई देखो, मुझे तो जाना है घर। लेकिन जाने से पहले यह बता दो कि यह ख़बर जाएगी किस पेज पर?

भवानी : हूँऽऽ—यह तो देखना पड़ेगा। *(डमी उठाकर पलटते हुए)* अंक तो सारा कम्पोज़ हो गया। बस खेल-खिलाड़ी वाला पेज बाक़ी रह गया है।

नरोत्तम : अरे वो कोई कुश्ती में थोड़े ही मारा गया है जो खेल-खिलाड़ी में दोगे! *(ज़रा गम्भीरता से)* देखो, न्यूज़ जाएगी फ्रंट-पेज पर, समझे!

भवानी : फ्रंट-पेज पर?

नरोत्तम : और मैं यहाँ भागा-भागा आया किसलिए हूँ? *(डमी लेकर देखते हुए पढ़ता है)* झिंझाड़ में बलात्कार! *(भवानी से)* ये झिंझाड़ कहाँ हुआ?

भवानी : ठीक से तो मुझे भी नहीं मालूम...नक्शे में कहीं तो होगा ही! एक दैनिक में छपी थी यह ख़बर...वहीं से उठाकर डाल दी!

नरोत्तम : तो इस कॉलम को डिस्ट्रीब्यूट करवाकर सरोहा की ख़बर यहाँ डालो!

भवानी : यहाँ नहीं डल सकती! जानते नहीं, दत्ता बाबू के आदेश से फ्रंट-पेज का यह कॉलम बलात्कार की घटना के लिए रिज़र्व्ड है।

नरोत्तम : *(भौंहें चढ़ाकर)* क्या? रिज़र्व्ड है? और नहीं तो बलात्कार की घटना तो?...दत्ता बाबू ख़ुद करते हैं! *(चेहरे पर क्रोध उभर आता है।)*

भवानी : *(कान पर हाथ लगाकर)* तौबा-तौबा! कुछ तो बुज़ुर्गवार का ख़याल करो।...देखो यार, इतना बड़ा देश है—कहीं-न-कहीं तो होगा ही।

नरोत्तम : और वह आपके लिए इतना महत्त्वपूर्ण है कि फ्रंट-पेज पर छपे!

भवानी : महत्त्वपूर्ण तो क़तई नहीं, पर अख़बार बिकता ऐसी ही ख़बरों से है!...आख़िर सेल...।

नरोत्तम : *(एकदम भभक पड़ता है)* सेल-सेल! कोई कमिटमेंट नहीं है आप लोगों का? यदि ऐसा ही है तो अख़बार बन्द करके पान की दुकान खोल लीजिए। ख़ूब बिकेंगे...बहुत सेल होगी! *(थैला*

उठाकर) मैं किसी दूसरे अख़बार में...।

भवानी : रुको मेरी जान! गुस्सा तो बस तुम्हारी नाक पर बैठा रहता है।...पहले बैठकर चाय पियो। *(घंटी बजाता है। लड़का आता है)* दो चाय स्पेशल! एकदम गरम! नरोत्तम बाबू बहुत गर्मी से आ रहे हैं—इन्हें ठंडा करना है। *(लड़का मुस्कराता हुआ चला जाता है। भवानी कुछ सोचते हुए)* आइडिया! क्यों न हम एक एडिशनल पेज डाल दें, सरोहा परिशिष्ट करके...चुनाव में अब सरोहा पर तो कंसनट्रेट करना ही है—इसी अंक से सही! *(गरदन ज़रा आगे निकालकर)* अब तो मानोगे कि हमारा भी कोई कमिटमेंट है?

नरोत्तम : *(एकदम प्रसन्न होकर)* वाह! यह हुई न कुछ बात!

[दत्ता बाबू का प्रवेश। चेहरे पर थकान और परेशानी।]

भवानी : लो, दत्ता बाबू भी आ गए!

दत्ता बाबू : *(नरोत्तम से)* तुम सरोहा से कब लौटे?

नरोत्तम : सीधा वहीं से चला आ रहा हूँ और ऐसी ख़बर लाया हूँ कि भवानी भाई एक एडिशनल पेज डालने की कह रहे हैं।

दत्ता बाबू : *(आक्रोश और खीज के साथ)* क्यों, कोई लॉटरी निकल आई है क्या भवानी के? *(दोनों दत्ता के स्वर और तेवर से थोड़ा क्षुब्ध हो जाते हैं)* तुम्हें पता है, मैं कहाँ से आ रहा हूँ? *(क्षणिक विराम)* एलाइड इंडिया वालों के यहाँ गया था। उन्होंने पिछला पैसा नहीं दिया है और इस अंक से विज्ञापन बन्द करने के लिए कह दिया है। *(गुस्से से हाथ का बैग टेबिल पर रखता है)*

भवानी : लेकिन इस अंक में तो विज्ञापन जा चुका है।

दत्ता बाबू : जाता रहे, वो पैसा नहीं देंगे। और अगर यही हाल रहा सेल का तो जो बचे-खुचे विज्ञापन हैं, उन्हें भी बन्द होते देर नहीं लगेगी। *(स्वर में शिकायत का पुट उभर आता है)* विज्ञापन मिलते हैं सेल पर और सेल निर्भर करती है मैटर पर। *(बैठते हैं)* मुझसे जितना बन पड़ता है दौड़-धूप करके अख़बार को चलाए रखने की कोशिश करता हूँ...पर इस घाटे के सौदे को आख़िर कब

तक खींचा जाए?...कब तक? *(क्षणिक विराम)* मैं तो कहता हूँ, अगले अंक से अख़बार बारह पेज का कर दो। सोलह पेज का अख़बार निकालने के लिए न तो हमारे पास साधन हैं और न ही ढंग का मैटर!

[भवानी के चेहरे पर नाराज़गी का भाव स्पष्ट दिखाई देता है। उसे लगता है जैसे दत्ता बाबू उसी को लक्ष्य करके कह रहे हैं।]

नरोत्तम : लेकिन दत्ता बाबू, इलेक्शन के दिनों में आपका यह फ़ैसला...।

दत्ता बाबू : इलेक्शन के दिनों में रुपये क्या पेड़ों पर लगते हैं?

नरोत्तम : यही तो मौक़ा है 'मशाल' की स्थिति सुधारने का। इस चुनाव में मैटर भी ख़ूब मिलेगा और सेल भी इतनी बढ़ेगी कि बस... पर आप कोई पॉलिसी तो बनाइए! कोई स्टैंड तो लीजिए... कितना ज़रूरी होता है अख़बार की इमेज बनाने के लिए!

दत्ता बाबू : यहाँ खड़े होने के लिए पाँव के नीचे ज़मीन नहीं, तुम स्टैंड लेने की बात कर रहे हो।...बच्चे हो अभी तुम! तुम्हें पता है, पिछले छह महीनों में कितना ह्यूमिलिएशन बरदाश्त किया है मैंने रुपयों का इन्तज़ाम करने में! मैं और भवानी तो शुरू में ही अपना पैसा लगाकर कंगाल हो चुके हैं...अब ये हर अंक का घाटा कहाँ से पूरा हो? बिना सरकारी विज्ञापनों के और काग़ज़ के पूरे कोटे के कहीं अख़बार चल सकता है भला? यह तो प्रेस की थोड़ी-बहुत कमाई है जो दाल-रोटी मयस्सर हो जाती है, वरना...।

[लड़का दो कप चाय लेकर आता है। दत्ता की मेज़ पर रखकर वहीं खड़ा हो जाता है।]

दत्ता बाबू : एक चाय और लेकर आओ! *(लड़का दौड़ जाता है। दत्ता कप उठाकर एक घूँट भरता है। नरोत्तम से)* तुम किस ख़बर की बात कर रहे थे?

नरोत्तम : *(दत्ता बाबू की बातों के बाद उसका उत्साह ठंडा पड़ गया है)*

सरोहा में आज सबेरे-सबेरे पुलिया पर बिसू नाम के एक आदमी की लाश पाई गई।

दत्ता बाबू : कौन है ये बिसू?

नरोत्तम : हरिजनों का लीडर-वीडर था कुछ।

दत्ता बाबू : अच्छा!

नरोत्तम : गाँव में काफ़ी तनाव है।

दत्ता बाबू : ओह आइ सी! *(सोचते हुए)* आगजनी की घटना के साथ तो कुछ सम्बन्ध नहीं है इसका? *(भवानी से, जो नाराज़-सा बैठा है)* तुम क्या सोचते हो, भवानी?

भवानी : *(नाराज़गी से)* मैं सोचता हूँ, अख़बार के चार पेज कम कर देने चाहिए।

दत्ता बाबू : *(भवानी को मनाने के इरादे से उठकर उसके पास जाते हैं)* तुम्हारे ख़याल से किसका हाथ हो सकता है इस हत्या के पीछे?

भवानी : *(उसी तरह)* मेरा नहीं है, बाक़ी लोगों की वो जाने!

दत्ता बाबू : *(कंधा थपथपाकर)* अब बस भी करो, भवानी! तुम तो ज़रा-ज़रा सी बात पर तुनक जाते हो।

भवानी : क्या तुनक जाते हो...जब भी कोई ऐसी घटना घटती है जिसे लेकर बढ़िया स्टोरी तैयार की जा सके तभी आप पेज घटाने की बात करेंगे और फिर मैटर को लेकर शिकायत।

दत्ता बाबू : जब आमदनी के ज़रिए तो बन्द होते जाएँ और काग़ज़ वाले, टाइप-फ़ाउंड्री वाले, स्याही वाले हर समय सिर पर सवार हों वसूली के लिए तो और क्या करूँ? ख़र्चा घटाने की बात तो करूँगा ही।

[लड़का चाय लेकर आता है। दत्ता बाबू ख़ुद चाय लेकर भवानी को देते हैं। भवानी चाय ले लेता है।]

दत्ता बाबू : अच्छा बताओ, वो एडिशनल पेज का तुम्हारा क्या आइडिया है? *(भवानी जवाब नहीं देता तो ख़ुशामद-सी करते हुए)* अब बता भी दो, यार!

भवानी : *(चाय का प्याला रखकर पहले वाले उत्साह के साथ)* देखिए,

इस वारदात से सुकुल बाबू की अधपकी खिचड़ी में निश्चित रूप से एक ज़ोर का उबाल आएगा। इसीलिए हम सोच रहे थे कि अपनी तरफ़ से भी कुछ मिर्च-मसाला मिलाकर इसका पुलाव बनाया जाए और एक एडिशनल पेज पर सजाकर जनता-जनार्दन को परोस दिया जाए।

नरोत्तम : हेडलाइन होगी—सरोहा में आज सबेरे-सबेरे पुलिया पर एक आदमी की लाश पाई गई।

भवानी : धत्तेरे की! इतनी सपाट हेडलाइन! *(एक क्षण सोचने के बाद नाटकीय मुद्रा में)* सरोहा में फिर एक रहस्यात्मक हत्या! लाश पुलिया पर मिली—गाँव में भारी खलबली। *(सहज होकर)* हेडलाइन हमेशा कैंची होनी चाहिए, जो पढ़े वो अख़बार ज़रूर ख़रीदे।

नरोत्तम : लेकिन अभी मौत का कारण कहाँ पता लगा है?

भवानी : कारण जो पता लगेगा वो अगले अंक में जाएगा।...आप देखिए तो दत्ता बाबू, पूरे तीन अंकों का मसाला निचोड़ेंगे इस घटना से।

दत्ता बाबू : *(हथियार डालने के भाव से)* ठीक है भाई, अगर तुमको इतना ही भरोसा है कि इससे अख़बार की बिक्री बढ़ जाएगी तो डाल दो पेज।...लेकिन हेडलाइन के बाद इस पेज में दोगे क्या? है कुछ मैटर?

भवानी : *(कुछ सोचते हुए)* मैटर के लिए नरोत्तम तुम फिर सरोहा जाओ और गाँव वालों के और उसके घर वालों के इंटरव्यू लेकर आओ।

नरोत्तम : कौन देगा इंटरव्यू? डर के मारे मुँह सिले हुए हैं सबके।

[तीनों सोच में पड़ जाते हैं।]

दत्ता बाबू : तुम काशी को जानते हो? *(नरोत्तम प्रश्नवाचक भाव से देखता रहता है)* अरे भाई वही, सुकुल बाबू का इलेक्शन-कमांडर।

नरोत्तम : जानता तो नहीं, लेकिन चुनाव के चक्कर में दिखाई देते हैं आजकल सरोहा में।

दत्ता बाबू : तो उसको पकड़ो जाकर। वो लोकल आदमी है, रेशा-रेशा उधेड़कर रख देगा इस घटना का अपनी कमेंट्री के साथ!

भवानी : मौक़ा लगे तो वहाँ के खेत-मालिकों को भी छान लेना। दोनों पक्षों की बात होगी तो कॉन्ट्रोवर्सी पैदा की जा सकती है।

दत्ता बाबू : बस अब तुम आँधी की तरह जाओ और तूफ़ान की तरह लौटो।

भवानी : कल सबेरे तक सारा मैटर और तीन फ़ोटोग्राफ़्स—एक लाश का, एक रोते हुए माँ-बाप का और एक डरे-सहमे लोगों का—मुझे मिल जाएँ तो परसों इस पेज के साथ ही अंक निकले।

[नरोत्तम फुर्ती से थैला उठाकर चलता है। भवानी दरवाज़े तक उसके साथ जाता है और 'बेस्ट ऑफ़ लक' कहकर उसे बिदा करता है। अन्धकार।]

दृश्य : तीन

[दा साहब की कोठी का भीतरी भाग। कमरा दो हिस्सों में बँटा है। एक ओर उनकी बैठक, जिसमें गद्दीदार कुर्सियाँ और सेंटर टेबिल। दूसरी ओर उनका घरेलू दफ़्तर, जिसमें दीवार के सहारे मोटा गद्दा बिछा है, गावतकिये लगे हैं। एक ओर डेस्क पर करीने से लगी फ़ाइलें, दूसरी ओर चौकी पर दो टेलीफ़ोन। पीछे रैक पर पुस्तकें। दोनों कमरों में गांधी, नेहरू की बड़ी-बड़ी तसवीरें। दा साहब के दफ़्तर से जुड़ा उनके पी. ए. रत्ती का छोटा-सा केबिन। टेबिल पर टाइप-राइटर और फ़ोन। बैठक का दरवाज़ा भीतर की ओर जाता है और दफ़्तर का बाहर की ओर। दा साहब कुर्सी पर बैठे हुए गीता पढ़ रहे हैं। सौम्य-शान्त चेहरा, गुरु-गम्भीर वाणी। कमरे के दूसरे सिरे पर जमना बहन बैठी कुछ सिलाई कर रही हैं।

दा साहब : *प्रजहाति यदा कामान्, सर्वान् पार्थ मनोगतान्।*
आत्मन्येव आत्मनो: तुष्ट: स्थितप्रज्ञ: तदौच्चते॥
दुखेषु अनुद्विग्न मन: सुखेषु विगत स्पृह:।
वीतराग भयं-क्रोधी स्थित धी: मुनिरुच्यते॥

[तमतमाया हुआ लखन भीतर घुसता है। उसके हाथ में 'मशाल' का ताज़ा अंक है।]

लखन : *(बहुत आवेश में)* मैं कहता न था कि ये जोरावर...*(एकाएक याद आता है कि जमना बहन के पैर छूना भूल गया—बढ़कर पैर छूता है)*

जमना बहन : *(उसके आवेश को देखकर, स्नेह से सिर पर हाथ फेरते हुए)* क्या बात है, बाहर बहुत गर्मी है क्या?

लखन : बाहर क्या, गर्मी तो मेरे भेजे में घुसी हुई है। ये जोरावर ख़ुद तो मरेगा ही, हमको भी ले डूबेगा।

जमना बहन : हुआ क्या, क्यों इतना तमतमा रहा है?

लखन : *(अख़बार देते हुए)* अभी तो कुछ नहीं हुआ, बहुत मामूली-सी बात हुई है—एक आदमी की हत्या! असली बात तो तब होगी जब हरिजनों के सारे वोट सुकुल बाबू के नाम पड़ जाएँगे।

जमना बहन : क्यों? *(अख़बार पढ़ने लगती हैं)*

लखन : *(उसी आवेश में)* जोरावर के सिवाय कोई नहीं करवा सकता है यह काम।

दा साहब : *(उसी जगह बैठे-बैठे शान्त स्वर में)* पुलिस तो अभी तहक़ीक़ात ही कर रही है और तुम नतीजे पर भी पहुँच गए?

जमना बहन : *(अख़बार में देखते हुए)* वो नहीं पहुँचा नतीजे पर! सारा गाँव कह रहा है, अख़बार में भी छप गया है।

दा साहब : क़ानून अनुमान पर नहीं, प्रमाण पर चलता है!

लखन : जुट जाएँगे इस बार प्रमाण भी। बिसू का एक दोस्त है बिन्दा। क़सम खाकर बैठा है!

दा साहब : जुट जाएँगे तो सज़ा पाएगा अपने जुर्म की!

लखन : वो तो सज़ा पाएगा अपने जुर्म की, लेकिन उससे बड़ी सज़ा तो हम पाएँगे...वह भी बिना कोई जुर्म किये!

दा साहब : होता है कभी-कभी ऐसा भी। एक की मूर्खता का फल दूसरे को भुगतना पड़ता है।

लखन : और आप हैं कि इसी मूर्ख का पल्ला पकड़े हुए हैं! मारा है ग़रीबों को तो भुगतने दीजिए जोरावर को। नहीं चाहिए हमें उसके वोट। आगजनी के चक्कर में हरिजनों के वोट तो गए ही, अब गाँव के दूसरे लोगों के वोट भी नहीं मिलेंगे! माथे पर

कलंक और आत्मा पर बोझ, सो अलग!

जमना बहन : *(अख़बार एक तरफ़ रखकर)* अच्छा अब तू इन्हें शान्ति से नाश्ता कर लेने दे। *(उठकर नाश्ते की प्लेट दा साहब के सामने रखती हैं)*

दा साहब : लखन का नाश्ता?

जमना बहन : ये सब इसके गले कहाँ उतरता है, इसकी पूरी मठरी तो बनकर आएगी अभी! *(दा साहब नाश्ता शुरू करते हैं। कुछ विराम के बाद)* आगजनी वाली घटना को किसी तरह सँभाले हुए थे। घरेलू उद्योग योजना के मरहम ने घावों को काफ़ी कुछ भर भी दिया था...इसी स्थिति में चुनाव हो जाता तो ठीक था।

दा साहब : कैसी बातें करती हो? आर्थिक सहायता से ग़रीबी पर ज़रूर मरहम लगाया जा सकता है, पर प्रियजनों के बिछुड़ने के दुख पर नहीं! आदमी का दुख जिस दिन पैसे से दूर होने लगेगा, इंसानियत उठ जाएगी दुनिया से।

लखन : *(ग़ुस्से और परेशानी से)* ऐन मौक़े पर इस बेवकूफ़ ने बिसू को मरवा दिया। अब कुछ नहीं होने का। सारा हिसाब लगाकर देख लिया है मैंने!

जमना बहन : चुनाव में क्या खड़ा हुआ, तेरा मन तो सारे दिन हिसाब-किताब के आँकड़ों में ही उलझा रहता है, लेकिन इनको तो सही-ग़लत का भी ख़याल रखना पड़ता है!

लखन : तो सही किया है जोरावर ने? किसी को मरवा देने को सही कहेंगी आप?

जमना बहन : राम रे! तूने तो हद ही कर दी। पन्द्रह साल की उम्र से तू दा साहब का थैला उठाये-उठाये उनके पीछे चला करता था! इनके साथ रहकर इतना सीखा-समझा, आज चुनाव में खड़ा हो रहा है, पर इनके स्वभाव का धीरज और ठहराव नाम को भी नहीं है तुझमें।

दा साहब : *(प्रवचनीय मुद्रा में)* दोष इसका नहीं, उम्र का है। लेकिन आवेश राजनीति का दुश्मन है! राजनीति में विवेक और धीरज चाहिए। आएगा, पद पर बैठोगे तो ज़िम्मेदारियाँ स्वयं सिखा देंगी!

लखन : कहाँ रखा है पद-वद? ये बिसू की नहीं, समझ लीजिए, मेरी हत्या हुई है, मेरी! दस तारीख़ को मीटिंग का ऐलान हो गया है, सुकुल जी की तरफ़ से! ख़ुद आ रहे हैं भाषण देने। जानते तो हैं सुकुल जी के भाषण का करिश्मा! आग उगलते हैं, आग! गाँव वैसे ही सन्नाया बैठा है। एक ही भाषण में बहाकर ले जाएँगे! *(दा साहब अब भी वैसे ही शान्त और अविचलित)* एक इन 'मशाल' वालों को छूट मिली हुई है, उलटा-सीधा जो मरज़ी छापने की! देखिए तो, एक पेज का सप्लीमेंट छापा है इस मामूली-सी घटना के लिए! ऐसे अख़बार पर तो पाबन्दी...!

दा साहब : ग़लत बात है। यह तुम नहीं, तुम्हारा स्वार्थ बोल रहा है! अख़बारों को तो स्वतंत्र होना ही चाहिए! वे ही तो हमारे कामों के असली दर्पण होते हैं। हाँ, अपनी छवि देखने का साहस होना चाहिए।

जमना बहन : लेकिन कोई सीमा तो होनी चाहिए। चुनाव के मौक़े पर इस तरह की झूठी-सच्ची बातों को भुनाना भी कहाँ की नैतिकता है?

लखन : कैसे-कैसे सम्पादकीय छापे थे आगजनी की घटना के... और अब क्या चुप रह जाएँगे? आने दीजिए 'मशाल' का अगला अंक...!

दा साहब : *(हलकी मुस्कान)* कुछ ठंडा पियोगे? फालसे का शर्बत? पियो, इसकी तासीर ठंडी होती है।

जमना बहन : हाँ, कुछ खा भी ले। भन्ना रहा है भूख के मारे। देखूँ, क्या ख़बर है तेरे नाश्ते की? *(जमना बहन अन्दर जाती हैं। दा साहब अपने दफ़्तर की ओर बढ़ते हैं)*

दा साहब : क्या नाम है इस लड़के का जो मरा?

लखन : बिसेसर, बिसू कहते हैं गाँव वाले।

दा साहब : आठ महीने पहले ही तो छूटकर आया है न ये लड़का? सुकुल बाबू के समय में चार साल तक जेल काटी है इसने?

लखन : *(आश्चर्य से)* आपको कैसे मालूम?

दा साहब : *(गद्दे पर बैठते हुए)* मालूम तो करना ही होता है, भाई। वरना जिस पद पर बैठा हूँ, उसके साथ न्याय कर सकता हूँ भला? *(लखन के चेहरे पर आश्चर्य और जिज्ञासा का भाव)*

डी.आई.जी. सिन्हा का फ़ोन आया था सबेरे।

लखन : *(अधीर होकर)* क्या बताया?

दा साहब : किस बारे में?

लखन : यही, बिसू की मौत के बारे में? मालूम हुआ है, इस केस के सारे काग़ज़ात डी.आई.जी. सिन्हा के पास पहुँच गए हैं। आपने कोई आदेश नहीं दिया...?

दा साहब : हाँ, कहा है कि सारे मामले को बहुत ग़ौर से देखकर ख़ुद ही रिपोर्ट तैयार करें। *(एक फ़ाइल खींचकर देखने लगते हैं)*

लखन : दा साहब, अगर रिपोर्ट तैयार करते समय कुछ...*(जैसे पूरी बात कहने का साहस नहीं जुटा पाता)*

दा साहब : *(सख़्ती से)* कैसी बात करते हो, लखन? पुलिस वालों का काम है कि बयानों और प्रमाणों के आधार पर ईमानदारी से रिपोर्ट तैयार करें। यदि ऊपर से कोई आदेश थोपा जाएगा तो न्याय कैसे करेंगे...?

[लखन सिटपिटा जाता है। दा साहब टेलीफ़ोन का बज़र दबाते हैं।]

रत्ती : जी साब?

दा साहब : वित्तमंत्री से बात करवाओ, घर पर ही होंगे अभी। *(दा साहब फ़ाइल के पन्ने पलटते रहते हैं और रत्ती फ़ोन मिलाता है)* चौधरी जी! नमस्कार...नहीं भाई, कोई विशेष बात नहीं। घरेलू उद्योग योजना की फ़ाइल आई है मेरे पास। त्रिभुवन बाबू से बात भी हुई थी। बता रहे थे कि वित्त विभाग को इस योजना के लिए आवश्यक फ़ंड देने में कुछ आपत्ति है। होनी नहीं चाहिए। *(कुछ देर सुनते हुए)* क्या? प्लेनिंग कमीशन की सैंक्शन नहीं आई—देखो, वह सब हो जाएगा, मैं बात कर लूँगा, लेकिन इस मद में तो आपको तुरन्त रुपया रिलीज़ करना है। यह मत भूलिये कि पार्टी के प्रमुखतम उद्देश्यों में से एक है—हरिजनों और खेत-मज़दूरों का उत्थान। वचनबद्ध हैं हम...इस योजना को तो प्राथमिकता मिलनी ही चाहिए।...अच्छा, नमस्कार।

(फ़ोन रख देते हैं। चेहरे पर हलका-सा तनाव)

[उपर्युक्त संवाद के बीच ही पांडेजी आकर एक ओर खड़े हो जाते हैं और दा साहब उन्हें आँखों से ही बैठने का आदेश दे देते हैं।]

दा साहब : हाँ पांडे, हो गया सब?

[पांडे हाथ की फ़ाइल दा साहब को देता है। वे उसे कुछ देर उलट-पुलट कर देखते हैं फिर लखन की ओर बढ़ा देते हैं।]

: लखन, ये फ़ाइल सँभालो। और धीरे-धीरे चीज़ें अपने हाथ में लो—अधिक समझदारी और ज़िम्मेदारी के साथ। *(पांडे से)* सुकुल बाबू की मीटिंग की तैयारी?

[लखन आगे बढ़कर फ़ाइल ले लेता है, पर उसके चेहरे पर अभी भी ग़ुस्सा और परेशानी स्पष्ट है।]

पांडेजी : बहुत ज़ोर-शोर से हो रही है, साब! समझ लीजिए कि सुकुल बाबू नहीं, हारी हुई पूरी पार्टी खड़ी हो रही है। हमको भी अपनी पूरी ताक़त लगानी पड़ेगी, साब!

दा साहब : जानता हूँ।

पांडेजी : अपने लोगों पर भी नज़र रखनी होगी, साब! आप तो जानते हैं, लोचन भैया बहुत उखड़े हुए हैं।

दा साहब : अध्यक्ष होने के नाते पार्टी का अनुशासन अप्पा साहब की ज़िम्मेदारी है।

पांडेजी : सो तो है, लेकिन लखन को खड़ा करने से अप्पा साहब भी तो बहुत ख़ुश नहीं हैं, साब! *(क्षणिक विराम)* 'मशाल' वाले दत्ता बाबू अब दस को आएँगे, साब! वैसे तो उसी दिन टाइम दिया था, लेकिन आपकी अप्पा साब के साथ मीटिंग हो गई तो कैंसिल करना पड़ा।

दा साहब : अच्छा। चुनाव-दौरे का कार्यक्रम निश्चित हो गया?

पांडेजी : हाँ साब, तैयार है।

दा साहब : सरोहा में भाषण कब रखा है?

पांडेजी : चुनाव के कुल चार दिन पहले।

दा साहब : हूँऽऽ। *(कुछ सोचने लगते हैं)*

पांडेजी : आप कहें साब तो कार्यक्रम पढ़कर सुनाऊँ?

दा साहब : सरोहा में पहले रख लें तो?

लखन : आप जाएँगे? बहुत असर होगा आपके जाने का...बहुत ज़रूरी भी हो गया है।

पांडेजी : पहले ही रखना है साब, तो अभी रख लें।

दा साहब : वही मैं सोच रहा हूँ।

पांडेजी : सुकुल बाबू की मीटिंग दस को है, अपनी चौदह को रख लें?

दा साहब : हूँ। एक हादसा हुआ है, जाना तो चाहिए ही। बिसू के माँ-बाप को भी तसल्ली देनी चाहिए। बेचारे...!

पांडेजी : बजा फ़रमाया साब आपने। *(जमना बहन का ट्रे लिये हुए प्रवेश)* अरे माताजी आप...! *(पांडेजी ख़ुद ट्रे लेने के लिए बढ़ते हैं, लखन भी)*

दा साहब : अपने हाथ से खिलाना इनका सबसे बड़ा सुख है।

जमना बहन : कहीं तो हम भी अपना सुख ढूँढ़ें आख़िर। *(सब हँसते हैं। जमना बहन लखन और पांडे को नाश्ता देती हैं। दा साहब चुनाव-कार्यक्रम देखने लगते हैं। लखन हिम्मत जुटाकर)*

लखन : डी.आई.जी. का फ़ोन आया किसलिए था?

दा साहब : सब अपने-अपने को लेकर परेशान हैं, भाई! वो भी प्रमोशन के लिए छटपटा रहा है। स्वभाव है आदमी का—और चाहिए... और चाहिए...।

जमना बहन : पर डी.आई.जी. का तबादला तो रुक गया था, तब इसका प्रमोशन कैसे होगा?

दा साहब : मैं ही रोके हुए था अब तक। थोड़ी-बहुत ज्यादतियाँ की थीं उसने, पर क्या करता? ऊपर से आदेश मिले तो उसने पालन किया। ग़ुलामी आत्मा का क्षय तो करती ही है।

लखन : वैसे तो आदमी अच्छा ही था, आगजनी वाले मामले में...।

दा साहब : क्या करें, हमारे पास भी ऊपर से आदेश आया है कि तबादला करो। ये ऊपर का चक्कर ही बुरा होता है।

लखन : तो प्रमोट हो रहे डी.आई.जी.। तब तो आप बुलाकर इशारा...।

दा साहब : *(हलकी-सी सख़्ती के साथ)* लखन! कर्मचारियों को इस तरह के आदेश देना उनके अधिकार में हस्तक्षेप करना है। मैं तो चाहता हूँ, सबको अपने-अपने अधिकार सौंपकर अपने अधिकार शून्य में बदल दूँ। *(विराम)* इन्हीं स्थितियों के ख़िलाफ़ लड़ने के लिए तो इतना संघर्ष किया था हम लोगों ने और तुम...अपनी आकांक्षाओं पर थोड़ी लगाम दो लखन, वरना मेरे साथ चलना मुश्किल हो जाएगा।

[दा साहब अपने विचारों में, लखन हताश और जमना बहन असमंजस में चुप। पांडे माहौल की चुप्पी और भारीपन को तोड़ता है।]

पांडेजी : *(खाते-खाते)* एक अर्ज़ है साब मेरी। *(दा साहब केवल प्रश्नवाचक दृष्टि से देखते हैं)* घरेलू उद्योग योजना घर-घर जाकर समझा तो दी गई है साब, अकेले सरोहा से डेढ़ सौ फ़ारम भरकर आए हैं, क्यों न...?

दा साहब : लोगों की प्रतिक्रिया?

पांडेजी : कुछ लोगों के मन में बहुत उत्साह है—पर कुछ लोग ये भी कहने लगे हैं कि बातें तो कब से सुन रहे हैं, कुछ होएगा-हवाएगा भी कि नहीं?

दा साहब : *(सोच में डूब जाते हैं)* हूँऽऽ!

पांडेजी : साब! क्यों नहीं इस मीटिंग में पहली किस्त का रुपया आप सबको अपने हाथों से दें और इस योजना का औपचारिक उद्घाटन भी करें!

दा साहब : ठीक कहते हो, रुपया ज़रूर पहुँचा देना चाहिए, वरना काग़ज़ी योजनाएँ विश्वास तोड़ देती हैं लोगों का। *(विराम)* दो बातों का ध्यान रखा गया है न? एक तो इस योजना में पंचायत कहीं न आए। असन्तुष्ट हैं लोग पंचायत से।

पांडेजी : नहीं साब! सरकार का सीधा नियंत्रण रहेगा इस योजना पर।

दा साहब : दूसरे इस योजना का अधिक-से-अधिक लाभ हरिजनों और खेत-मज़दूरों को ही मिले।

पांडेजी : आप निश्चिन्त रहें। सरकार पैसा सीधा हरिजनों और खेत-मज़दूरों के हाथ में देगी।

लखन : जोरावर के गले नहीं उतरेगी यह बात।

जमना बहन : जोरावर की चिन्ता तू हमारे लिए छोड़ दे।

पांडेजी : सरोहा के हालात देखते हुए सरपंच और जोरावर का बीच में आना ठीक भी नहीं है, साब!

[जोरावर का प्रवेश।]

जोरावर : जै रामजी की दा साहेब, जमना बहन! *(लखन, पांडेजी को देखकर)* अरे सारा कुनबा ही जुटा है। वाह!

जमना बहन : आओ-आओ जोरावर, बस तुम्हारी ही कमी थी। दस-बारह दिनों से तो तुम बिलकुल आए ही नहीं। लगता है, चुनाव का सारा बोझ जैसे तुमने अपने ही ऊपर ले लिया है।

जोरावर : हम क्या बोझ लेंगे जमना बहन, दा साहब खुदै बड़े समर्थ। फिर ये पांडेजी...।

दा साहब : आज इतनी सबेरे कैसे आना हुआ? कोई ख़ास बात?

[बहुत पैनी नज़रों से जोरावर को देखते हैं।]

जोरावर : मंडी से कुछ वसूली करनी थी...खाद और बीज ख़रीदना था, सोचा, आपसे भी मिलते चलें।

दा साहब : हूँऽऽ! *(चेहरे पर नज़रें गड़ाये-गड़ाये)* देख रहा हूँ, चाल ही उलट गई है तुम्हारी तो!

जोरावर : *(कुछ बौखलाकर)* हम क्या किये रहे दा साहेब जो चालै उलट गई हमारी?

[जोरावर दा साहब को ऐसे देखता है मानो भाँपने की कोशिश कर रहा हो।]

जमना बहन : *(बात सँभालते हुए)* पहले इनसे मिलने आते थे और बाज़ार का काम भी कर लिया करते थे...आज बाज़ार का काम करने आए हो और इनसे भी मिलने चले आए...कहेंगे नहीं...!

जोरावर : *(आश्वस्त होकर)* ओह!...क्या बतावें दा साहेब, किसान का पहला धंधा खेती।

जमना बहन : अच्छा यह बताओ, सरोहा में इस बार हवा किधर की है?

जोरावर : अरे हवा ससुरी की क्या है, जिधर चाहे मोड़ दो।

पांडेजी : हाँ, सरोहा की हवा तो जोरावर अपनी मुट्ठी में रखते हैं, साब!

जोरावर : पर आप लोग रहने कहाँ देंगे? *(कुछ रुककर)* अब आप ही सोचो दा साहेब! इन हरिजनों के बाप-दादे हमारे बाप-दादों के सामने सिर झुकाकर रहते थे। झुके-झुके पीठ कमान की तरह टेढ़ी हो जाया करती थी, पर आप लोग इतना माथे चढ़ा रहे हो कि आज ये ससुरे आँख में आँख गाड़कर बात करते हैं। बरदास्त नहीं होता यह हमसे।

लखन : *(लखन जो इतनी देर से अपने को ज़ब्त किये बैठा है, फट पड़ता है)* देख लिया दा साहब...यह है इनका रवैया हरिजनों के लिए! आज भी ये लोग चाहते हैं कि खेत-मज़दूर ग़ुलाम बनकर पैरों में रहें इनके। पर अब ये सब ज़्यादा दिन नहीं चलेगा। उनका हक़ उन्हें देना ही पड़ेगा।

जमना बहन : *(स्थिति को सँभालते हुए)* तू तो ऐसे कह रहा है लखन, जैसे हक़ अकेले जोरावर की जेब में रखा हुआ है। *(शरबत का गिलास जोरावर को थमाते हुए)* लो जोरावर, यह पियो...*(लखन से)* क्या जानता नहीं, दा साहब की चिन्ता भी तो यही है। कुछ कदम उठाए हैं सरकार ने, कुछ और उठायेगी ग़रीबों को उनका हक़ दिलवाने के लिए।

जोरावर : जहाँ हक दिलवाए वहीं रो रही है सरकार। आए दिन हड़तालें, जलूस, तोड़-फोड़। काम कोई नहीं करना चाहता ससुरा... बस सबको हक चाहिए...और दो हक...एक दिन देखोगे कि हक-ही-हक रह जाएँगे इनके पास...और कोई काम-धाम नहीं। *(शरबत का घूँट लेता है)* देखो दा साब, एक बात कहें आपको,

बुरा मत मानना। *(क्षणिक असमंजस के बाद)* आप लोगों के लिए तो ये खेत-मजदूर और हरिजन चुनाव जीतने के वास्ते एक वोट-भर हैं...पर हमारे ये मजूर हैं। काम करते हैं हमारे खेतों में। हमारे बिना गुजारा भी नहीं इनका। एक वो सुकुलवा था, मादर...!

जमना बहन : जोरावर, फिर वही गन्दी ज़बान।

जोरावर : क्या करें, गाली ही निकलती है। बड़ा क़ानून बनाया था, अपने राज में!...सबके कर्जे माफ...नाम काट दो बहियों में से। हजारों के नीचे आ गए हम तो, पर फिर? हारी...बीमारी...सादी-ब्याह, मरण-मौत, वह आता था करजा देने? जमीन पर लोट-लोटकर नाक तो हमारे सामने ही रगड़ी ससुरों ने। काम तो हमीं आए। तब आता सुकुलवा...!

दा साहब : ठीक कहते हो तुम। इसीलिए मैं ऐसी स्थिति पैदा करना चाहता हूँ कि उन्हें क़र्ज़े लेने ही न पड़ें। आर्थिक रूप से स्वतंत्र होकर ही शोषण से मुक्त हो सकेंगे और समाज में समानता का दर्जा पा सकेंगे ये लोग।

जोरावर : चार पैसे हाथ में हो जाने से ही जात ऊँची हो जाएगी उनकी? हमारे साथ हुक्का-पानी पीने लगेंगे? दा साहब, ऊँच-नीच है तो रहेगी ही।

दा साहब : *(सख़्त आवाज़ में)* ज़माना बदल रहा है, जोरावर...ज़माने के साथ बदलना सीखो। जो बातें आज से तीस साल पहले होनी चाहिए थीं वो आज भी पूरी तरह नहीं हो रही हैं। दुर्भाग्य है इस देश का।

जोरावर : बदल रहा होगा जहाँ बदल रहा होगा। हमारे रहते सरोहा में नहीं बदल सकता जमाना।

लखन : इस भरोसे मत रहना अब। बिसू को लेकर कितना तनाव है गाँव में! चारों तरफ़ उसके पोस्टर नहीं चिपक गए?

जोरावर : बिसू? *(सारी बात को झटके से उड़ाने की कोशिश करते हुए)* ओह! उस लड़के की बात कर रहे हो? अरे काम-धाम कुछ था नहीं उस हरामी के। ज़हर खाकर नहीं मरता तो भूख से मरता।

पर उसमें हमारा क्या है? *(गरदन झटक देता है। फिर स्थिति की गम्भीरता को समझकर अपने को सँभालते हुए)* विरोधियों का ऐसी बातें करना तो समझ में आता है। पर अब आप लोग भी जदि...।

जमना बहन : इसीलिए तो अब दा साहब जा रहे हैं सरोहा। जाकर एक बार बात करेंगे तो तनाव-वनाव सब ठीक हो जाएगा।

जोरावर : *(उत्साह से)* आप आ रहे हैं सरोहा? कब? *(दा साहब ध्यान नहीं देते)*

पांडेजी : *(चुप्पी तोड़ते हुए)* कार्यक्रम में तो सबसे बाद में था, लेकिन अब चौदह को ही आ रहे हैं।

जोरावर : *(प्रसन्नता से)* आओ-आओ। ऐसा स्वागत करवाते हैं आपका कि...*(दा साहब पैनी दृष्टि डालते हैं)* मुख्यमंत्री गाँव में आए, उससे बड़ा अउर कौन मौक़ा होगा!

दा साहब : *(हलकी-सी सख़्ती के साथ)* तुम मेरी योजनाओं में सहयोग दो तो ज़्यादा अच्छा होगा।

जमना बहन : आप तो ऐसे कह रहे हैं जैसे जोरावर कोई पराया हो। अपने लोग सहयोग नहीं देंगे तो क्या बाहर के लोग आएँगे?...पर पहले चुनाव का बेड़ा तो पार लगे।

जोरावर : वह तो लगेगा ही...उसकी चिन्ता आप काहे करती हैं! *(उठते हुए)* पांडेजी, अब आप भी पहुँचो सरोहा...मिलकर ही तैयारी करें।

पांडेजी : मैं साथ ही चल रहा हूँ। *(उठते हैं)*

जोरावर : यह आपने अच्छी खबर सुनाई कि आप आ रहे हो। उस सुकुलवा हरामी ने अपने किराये के लौंडों की फौज उतारकर ऐसी गुंडागर्दी मचवा रखी है गाँव में कि बस! आप एक बार आओगे तो स्साले सब ठीक हो जाएँगे।...जरा अपना पलड़ा भी तो भारी हो। *(हाथ जोड़ता है। दोनों निकल जाते हैं। दा साहब उधर ही देखते रहते हैं)*

जमना बहन : आज थोड़ा बेसुरा बोल रहा था जोरावर।

दा साहब : पैसे ने अहंकार तो दिया, संस्कार नहीं। *(घड़ी देखते हैं, उठते हैं)*

जमना बहन : पर तुम भी इतना ही खींचो कि डोर टूटे नहीं।

दा साहब : राजनीति में काफ़ी दिलचस्पी बढ़ती जा रही है तुम्हारी।

जमना बहन : *(भीतर जाते-जाते हँसकर)* साथ नहीं देना है तुम्हारा?

[जमना बहन भीतर चली जाती हैं। दा साहब उठकर लखन के पास आते हैं जो अभी भी ग़ुस्से से भरा बैठा है। उसके कंधे पर हाथ रखकर।]

दा साहब : लखन, ग़रीबों के लिए हमदर्दी है तुम्हारे मन में, अच्छी बात है। पर सही बात को कहने का ढंग भी सही होना चाहिए। *(एक-एक शब्द पर ज़ोर देकर)* और समय भी सही। *(लखन केवल दा साहब की ओर देखता रहता है)*...हमें काटकर तो नहीं फेंकना है जोरावर को, सुधारना है।

लखन : ये सुधरेंगे? रवैया देखा है इनका?

दा साहब : सदियों पुराना संस्कार है। छूटने में समय लगेगा।

लखन : तो फिर खेत-मज़दूर और हरिजनों के वोट तो...!

दा साहब : नज़र हमेशा अपनी हार-जीत पर ही मत रखो, लखन! *(क्षणिक विराम)* तुम्हारा आज का आवेश देखकर मुझे अच्छा नहीं लगा। मेरे साथ चलना है तो ज़बान पर लगाम और व्यवहार में ठहराव चाहिए। समझे? मेरे लिए राजनीति धर्मनीति से कम नहीं। मेरा साथ चाहते हो तो गीता का उपदेश गाँठ बाँध लो। निष्ठा से अपना कर्म किये जाओ, बस। कर्मण्येवाधिकारस्ते मा फलेषु कदाचिन्...*(दा साहब जाने लगते हैं, रुककर पीछे मुड़कर)* पढ़ते हो गीता या नहीं?...पढ़ा करो। चित्त को बड़ी शान्ति मिलती है। *(बाहर निकलते हुए)* 'कर्मण्येवाधिकारस्ते मा फलेषु कदाचिन् मा कर्मफलहेतु भूर्मा ते सङोऽस्त्वकर्मणि'।

[धीरे-धीरे अन्धकार।]

दृश्य : चार

[गाँव का मैदान। एक ओर भाषण देने के लिए मंच। दूसरी ओर खुले में बिन्दा नरोत्तम से बातें कर रहा है। कुछ दूरी पर महेश बैठा हुआ अख़बार पढ़ रहा है। पीछे से नारों की आवाज़ आ रही है। रुक्मा एक टोकरी में लकड़ियाँ लिये हुए आती है। बिन्दा को किसी अजनबी आदमी से बातें करते हुए देखकर उसके चेहरे पर परेशानी का भाव उभर आता है। पीछे से आती हुई आवाज़।]

कार्यकर्ता : भाइयो और बहनो, हरिजन भाइयों के हमदर्द दोस्त सुकुल बाबू आज शाम आ रहे हैं, आप लोगों की लड़ाई लड़ने। बिसू की मौत का—

सम्मिलित स्वर : जवाब चाहिए...जवाब चाहिए।

[नारों की आवाज़ धीरे-धीरे दूर चली जाती है। नरोत्तम बिन्दा को कुछ समझाकर चला जाता है। रुक्मा टोकरी वहीं रखकर बिन्दा के पास जाती है।]

रुक्मा : कउन रहा ई आदमी? का बतियात रहे तुम उस्से! *(बिन्दा चुप)* बतावत काहे नहीं हौ कि कउन रहा?

बिन्दा : 'मसाल' वालों का आदमी रहा! दो दिन से पीछे पड़ा है कि आगजनी के जो सबूत बिसू इकट्ठा किये रहे, उनका 'मसाल' मा छपे की खातिर दे दें। अब तो हमहूँ सोचित हैं, आज संझा

को खुदै जायके सम्पादक को दे आई। एक बार असलियत तो सबके सामने आय जाए।

रुक्मा : आग लगे उन सबूतन मा! मसाल मा नाहीं चूल्हे मा झोंको उनको! एक जान तो ले ली, अब अउर कित्ती जान लेई! हम न जाय देब तुमका। जानत नाहीं, जोरावर के लठैत राई-रत्ती खबर राखत हैं तुम्हरे कामन की...।

बिन्दा : रखन दे। हम नाहीं डेराइत कौनो से। अब कोऊ नाहीं रोकि सकत हमका। बिसू का अधूरा काम तो अब हम पूरा करब! *(चेहरे पर क्रोध के साथ-साथ दृढ़ संकल्प का भाव)*

रुक्मा : *(बिन्दा का हाथ पकड़कर याचना करते हुए)* अब भुलाय देयो बिसू दादा की बातन का। नामौ न लिहौ उनका! हम तो कहित हैं ई गाँवों छोड़ देव। हमका नाहीं रहैका हियाँ। *(आवाज़ भर्रा जाती है)* साँस लेब दूभर हुई गवा है।

बिन्दा : देख रहे हो महेस बाबू इस औरत को! जिस दिन झोंपड़ियों में आग लगी, उस दिन इसका गुस्सा देखते। दो दिन तक तो मुँह में अन्न का दाना तक नहीं दिया था...लड़ती रही थी हमसे कि आकास-पाताल छानि के हम हत्यारे को काहे नहीं पकड़ लाते! बिसू से जियादा तो ई हमारे पीछे पड़ी रही कि उन परमानों को लेकर हम बिसू के साथ दिल्ली काहे नहीं जाते! काहे खेती-बारी अउर घर-गिरस्ती करके घर में ही बइठे रहते हैं?

रुक्मा : अब जो बोली तो मार जूता के झौर दियो हमका। हम हाथ जोड़ित हैं तुम्हारे...तुम आपन खेती ई करो।

महेश : रुक्मा शायद ठीक ही कह रही है, बिन्दा! जैसे हालात हो रहे हैं, उन्हें देखकर तो तुम्हें बहुत सोच-समझकर ही क़दम उठाना चाहिए। सिर्फ़ आवेश में किया हुआ काम...।

बिन्दा : *(बात काटकर)* सोचने-समझने का टैम कहाँ धरा है, महेस बाबू! ई कोई तुम्हार थीसस लिखना थोड़े ही है जो महीने-पे-महीने लगाये जाओ। ई काम तो अब्भी होना है। *(पीछे से नारों की आवाज़ आती है)* ई हल्ला सुन रहे हो? बिसू के नाम के नारे खूब उछलेंगे...पर देखना, बिसू की मौत और आगजनी सब

दब के रह जाएगा चुनाव के या हुड़दंग मा। *(गुस्से से)* लेकिन अब बिन्दा दबने नहीं देगा। बिसू का हत्यारा अब बच नहीं सकेगा हमरे हाथ से...।

रुक्मा : *(उसे चुप कराते हुए)* तुमका हमार सिर की कसम जो ई परपंच मा पड़ो। अरे जाय वाला तो चला गवा पर हम तो अबै जिन्दा हैं।

बिन्दा : *(झटककर अलग कर देता है)* चुप कर! *(रुक्मा रोने लगती है)*

महेश : ज़रा धीरज से काम लो, बिन्दा! बिसू जैसे आदमी की मौत के बाद ये हंगामा...तुम्हारा ग़ुस्सा और दुख सब समझता हूँ मैं। मेरा तो थोड़े ही दिनों का परिचय था बिसू के साथ।...मैं तो सोच भी नहीं सकता था कि गाँव में किसी ऐसे आदमी से मुलाक़ात होगी।...मुझे भी कितना दुख है उसकी मौत का! इस हादसे के बाद से तो जैसे मैं...।

बिन्दा : *(व्यंग्य से)* बस, सिरफ दुख है? तुम तो जवान आदमी हो, खून नहीं खौला तुम्हारा?

महेश : *(बिन्दा के पास आकर, उसे समझाते हुए)* ख़ून खौले भी तो बताओ, क्या कर सकते हैं हम? तुम ग़ुस्से में आकर किसी को मार भी आए तो क्या उससे समस्या हल हो जाएगी? जुर्म का जवाब जुर्म नहीं होता, बिन्दा!...जब तक हमारी व्यवस्था में जाति-भेद है और अमीर-ग़रीब की खाई है...।

बिन्दा : *(झिड़ककर)* छोड़ो ई किताबी बातें, महेस बाबू! जरा बताओ, कउन मिटाएगा अमीर-गरीब का ई भेद? तुम तो डेढ़ महीने से हियाँ साइकिल पे घूम-घूमके अउर किताबें पढ़-पढ़के गाँव जानि रहे हो।...थीसस लिखोगे गाँव पे।...अइसे जाना जाता है गाँव? अरे गाँव जानना है तो जुड़ो हियाँ के लोगों से...सामिल होओ उनके दुख-दरद में! लिखो कि सरकारी रेट पे मजूरी माँगने-भर से जिन्दा आदमियों को भून के राख बना दिया। अउर जब इस जुलुम के खिलाफ किसी ने आवाज़ उठाये की कोसिस की तो मार दिया उसे...*(ग़ुस्से से चेहरा तमतमा जाता है और आवाज़ काँपने लगती है)* कुत्ते की मौत!...लिखो ई बातें थीसस मा...

छपाओ! दुनिया जाने तो कि कइसे-कइसे जुलुम होत हैं गाँव वालन के साथ! *(महेश चुप। चेहरे पर परेशानी का भाव, मानो बिन्दा की बातों ने भीतर तक कचोट दिया हो)* बऽस! हो गए चुप! अरे तुम थीसस लिख रहे हो नौकरी पाने के लिए...बड़ा अहुदा पाने के लिए। गरीबों की चिन्ता हइये किसे?

महेश : नहीं, यह बात नहीं है बिन्दा...बात दरअसल यह है कि हमें इजाज़त नहीं है कि हम गाँव की...।

बिन्दा : *(व्यंग्य से)* इजाजत! अरे इजाजत किसे होती है सच्चाई जानने की? बिसू को थी...हमको है...लेकिन जाननी नहीं चाहिए क्या?

रुक्मा : हाँ, नाहीं जानै का चाही, जानके का कर लिहिन बिसू दादा? कउन जुलुम-जियादती हटि गई कि गरीबन का राजपाट मिलि गवा? हाँ, उनकी जिनगी जरूरै मिट्टी हुइ गई। पर अब हम तुमका ऊ रास्ते पे न जाये देबै।

बिन्दा : तू कउन है हमका रोकै वाली? *(पीछे से नारों की आवाज़ तेज़ हो जाती है। बिन्दा उसी दिशा में दो क़दम बढ़कर फटकारते हुए)* चुप करो हरामजादौ! जीतेजी तो वाही का चैन नाहीं लिये दिहौ। अब ऊकी मऊत भुनावे आए हो! गिद्धन की नाईं नोच रहे हैं ऊकी लहास का।

महेश : *(बिन्दा को पकड़कर)* यहाँ मत चिल्लाओ इस तरह—घर चलो। *(पकड़कर घसीटने लगता है। रुक्मा भी भयभीत-सी उसे पकड़ लेती है)*

बिन्दा : *(हिक़ारत से)* तुमौ डरत हो? जाने कउन जहर घुला हुआ है हियाँ की हवा में कि आदमी स्साला मिट्टी का लौंदा बन के रहि जात है!

[नारे लगाते हुए कार्यकर्ता मंच पर आ जाते हैं। बिन्दा झपटकर उधर बढ़ता है। महेश और रुक्मा पकड़ लेते हैं। अपने को छुड़ाते हुए।]

बिन्दा : अरे बिसू मरि गवा, ऊका मरै रहन देव।

महेश : *(खींचते हुए)* चलो यहाँ से!

बिन्दा : इन हरामियों को...!

[महेश बिन्दा के मुँह पर हाथ रखकर खींचता हुआ बाहर ले जाता है। रुक्मा भी जल्दी से अपनी टोकरी उठाकर डरी-सहमी निकल जाती है। जुलूस के लोग आश्चर्य से इन लोगों को देखते हैं, फिर उसी खिलवाड़ भाव से नारे लगाने लगते हैं।]

कार्यकर्ता : बिसू की हत्या—

सब : जुलुम है...जुलुम है!

कार्यकर्ता : बिसू की मौत का—

सब : जवाब चाहिए, जवाब चाहिए!

[मंच का एक चक्कर लगाकर बीच में खड़े हो जाते हैं। एक कार्यकर्ता भोंपू से घोषणा करता है।]

कार्यकर्ता : हरिजन भाइयों के हमदर्द दोस्त सुकुल बाबू आप लोगों की लड़ाई लड़ने आ रहे हैं। आइए, सुकुल बाबू की आवाज़ में आवाज़ मिलाकर बिसू की मौत का जवाब माँगिये। सुकुल बाबू—

सब : ज़िन्दाबाद!

कार्यकर्ता : हरिजन भाई—

सब : ज़िन्दाबाद!

[गाँव वाले तमाशबीनों की तरह इर्द-गिर्द जमा हो जाते हैं। तभी इन नारों की आवाज़ को ढकता हुआ दा साहब के कार्यकर्ताओं का जलूस आता है। आगे-आगे डोंडी पीटता हुआ एक कार्यकर्ता। सबके हाथों में घरेलू उद्योग योजना के पोस्टर्स हैं।]

दा साहब का कार्यकर्ता : अपनी ग़रीबी से ख़ुद लड़िए। घरेलू उद्योग योजना का फ़ारम भरिए।...भाइयो, सरकार अब आपको ग़रीब नहीं

रहने देगी। ख़ाली समय में आप लोग घर में ही कोई छोटा-मोटा रोज़गार शुरू करिए। रोज़गार के लिए पैसा?

सब : सरकार देगी!

कार्यकर्ता : काम सिखाने के लिए आदमी?

सब : सरकार भेजेगी!

कार्यकर्ता : बनाया हुआ माल?

सब : सरकार बेचेगी!

(सब लोग मिलकर) काम और पैसा सरकार का, पर मुनाफ़ा आपका!

कार्यकर्ता : आइए-आइए, फ़ारम भरिए...अपनी ग़रीबी से ख़ुद लड़िए। दा साहब के राज में अब कोई ग़रीब नहीं रहेगा। *(सुकुल बाबू के कार्यकर्ता के पास से भीड़ धीरे-धीरे इधर आ जाती है)* अब कोई आप पर ज़ोर-जुलुम नहीं कर सकेगा।

[सुकुल बाबू के कार्यकर्ता भाषण देने के लिए बनाए मंच पर चढ़कर माइक से बोलते हैं।]

सुकुल बाबू का का कार्यकर्ता : आइए सुकुल बाबू की आवाज़ में आवाज़ मिलाइए।... उनके हाथ मज़बूत बनाइए। सुकुल बाबू ज़िन्दाबाद...हरिजन भाई ज़िन्दाबाद!

[एक ओर से सुकुल बाबू और काशी का प्रवेश। साथ में 'सुकुल बाबू ज़िन्दाबाद' के नारे लगाती हुई भीड़। थानेदार और एक लठैत भीड़ को नियंत्रित कर रहे हैं। सुकुल बाबू सीधे मंच पर चढ़कर सबको नमस्कार करते हैं। सारी भीड़ धीरे-धीरे मंच के सामने बैठ जाती है। एक तरफ़ थानेदार और दूसरी तरफ़ लठैत सबको क़ाबू में रख रहे हैं। काशी माइक पर आकर।]

काशी : भाइयो, शान्त हो जाइए और जिसको जहाँ जगह मिले बैठ जाइए। आपके प्यारे नेता सुकुल बाबू अब आपसे कुछ बात करेंगे।

[सुकुल बाबू माइक पर आते हैं।]

सुकुल बाबू : प्यारे दोस्तो,

आपके दुख में शामिल होने के लिए आज यहाँ आया हूँ। दुख तो आप पर पहले भी पड़ा था और इससे ज़्यादा बड़ा था, लेकिन मैं तब नहीं आया।...यह मत समझिए कि उस दुख ने मुझे हिलाया नहीं था।...भीतर तक दहला दिया था। लेकिन भरोसा था मुझे कि इस न्यायप्रिय सरकार के राज्य में, जिसने बड़े-बड़े वायदे किये थे आपसे...बड़ी-बड़ी उम्मीदें बँधाई थीं आपको... कम-से-कम अत्याचारी को उसके ज़ुल्म की सज़ा तो ज़रूर मिलेगी। इतने बेगुनाहों को इतनी बेरहमी से मारने वाला बच नहीं सकेगा पुलिस के चंगुल से। आख़िर क़ानून और पुलिस है किस मर्ज़ की दवा? लेकिन ताज्जुब। सज़ा तो दूर, किसी की तरफ़ उँगली तक न उठाई गई। बड़ी सफ़ाई से दबा दिया सारा मामला। लेकिन फिर भी मैं ख़ून का घूँट पीकर रह गया।

भीड़ में से एक : का बताई...हमारा दुख मुला कोई नाहीं जानत...हमार कोई नाहीं...!

लठैत : चुप करे बइठो!

सुकुल बाबू : लेकिन बिसू की हत्या के बाद चुप रहना सम्भव नहीं। क्या गुनाह था बिसू का...यही न कि वह असली मुजरिम को पकड़वाना चाहता था...न्याय चाहता था। पर न्याय के बदले में मिली उसे मौत।

[क्षणिक विराम।]

: यह मौत कुछ हरिजनों की या एक बिसू की नहीं...यह आपके ज़िन्दा रहने के हक़ की मौत है। यह मत समझिए कि मैं आपको यह हक़ दिलवाने आया हूँ। नहीं, उसे तो आपको ख़ुद लेना है। मेरे पास है ही क्या?

(क्षणिक विराम) गांधीजी ने क्या किया था? सदियों की ग़ुलामी और शोषण से मुर्दा हो गए लोगों को देने के लिए उस लाठी

और लँगोटी वाले फ़कीर के पास था ही क्या? उसने तो बस लोगों के टूटे हुए हौसलों को जोड़ा—सोयी हुई ताक़त को जगाया...बिखरे हुए लोगों को संगठित किया और अंग्रेज़ी राज का तख़्ता पलट कर रख दिया। इसी तरह आज यदि जनता अपनी पूरी ताक़त के साथ उठती है तो कोई नहीं टिक सकता उसके सामने...इन मुट्ठी-भर खेत-मालिकों की तो औक़ात ही क्या?

लठैत : अरे पिछले चुनाव में जौन तुम्हार तख्ता पलटे रहा, इत्ती जल्दी भूलि गवा ससुरा।

सुकुल बाबू : भूले नहीं होंगे आप कि मैंने ग़रीब भाइयों के क़र्ज़े माफ़ करवाये थे...आर्थिक मदद पहुँचाई थी। और बदले में गाँव के अमीर किसानों और साहूकारों की दुश्मनी मोल ली। बहुत बड़ी क़ीमत चुकानी पड़ी थी इस दुश्मनी की। पर मुझे मलाल नहीं...संतोष है कि आपके लिए कुछ किया। *(विराम)* आज दा साहब अपने जुर्मों पर पर्दा डालने के लिए घरेलू उद्योग योजना के टुकड़े फेंक रहे हैं। आपके पैसे से ही आपको ख़रीदा जा रहा है। *(दा साहब का कार्यकर्ता नारे लगाकर विरोध करता है)* पर अब हम इस भुलावे में नहीं आएँगे *(विराम)* सत्ताईस तारीख़ को हम सब मिलकर चलेंगे और जवाब माँगेंगे दा साहब से—हमें आगजनी का असली मुजरिम चाहिए...बिसू का हत्यारा चाहिए। केवल सरोहा के ही नहीं, पूरे प्रान्त के हरिजन और खेत-मज़दूर चलेंगे मेरे साथ। कोई भी घर नहीं बैठेगा उस दिन। क़ानून हमें न्याय नहीं दे सकता तो हम अपनी आख़िरी साँस तक संघर्ष करेंगे। अन्याय बरदाश्त नहीं करेंगे।

[दा साहब के कार्यकर्ता, लठैत एवं सुकुल बाबू के लोगों में झगड़ा हो जाता है। दा साहब और सुकुल बाबू के कार्यकर्ताओं में हाथापाई और मार-पीट। थानेदार और लठैत डंडे मार-मार कर भीड़ को तितर-बितर करते हैं। झगड़े, चीख़-पुकार और भगदड़ में दृश्य समाप्त।]

दृश्य : पाँच

[दा साहब का कमरा। पांडेजी, दा साहब और अप्पा साहब बैठे हैं।]

अप्पा साहब : हाँ-हाँ, सुना मैंने भी है कि सुकुल बाबू की मीटिंग में कुछ गड़बड़ हुई, दंगा-फ़साद भी हुआ है। लेकिन आसपास के गाँवों का दौरा करके कल रात ही लौटा हूँ। *(क्षणिक विराम)* सुकुल बाबू की रैली की तैयारियाँ तो बड़ी धूमधाम से हो रही हैं। फिर से सुकुल बाबू के लिए लोगों का उत्साह देखकर थोड़ा आश्चर्य हुआ, थोड़ी चिन्ता भी।

पांडेजी : दो समय का खाना और पाँच रुपये प्रति व्यक्ति तय हुआ है। बच्चों तक को दो-दो रुपये दिये जाएँगे। उत्साह उसी को लेकर है। लोगों का क्या है साब, एक दिन मज़दूरी नहीं की और पूरे कुनबे ने मौज कर ली!

दा साहब : *(क्षोभ के साथ)* किस घटिया स्तर पर उतर आई है राजनीति! किराये की रैलियाँ तो सुकुल बाबू ने अपने पिछले चुनाव में भी बहुत करवाई थीं, पर हुआ क्या?

अप्पा साहब : लेकिन उस समय की स्थिति और आज की स्थिति में अन्तर नहीं लगता आपको? तब लोगों में हमारे लिए बड़ा जोश था, उत्साह था, लेकिन आज? अगर सच्चाई को नज़रअन्दाज़ न करें तो मानना होगा कि लोगों में काफ़ी निराशा है...असन्तोष है और विरोधी पार्टी तो इस स्थिति का पूरा-पूरा फ़ायदा उठाएगी ही।

दा साहब : विरोधी पार्टी फ़ायदा उठाए यह तो समझ में आता है—उसके लिए आदमी तैयार भी रहता है, लेकिन अगर अपने ही लोग *(क्षणिक विराम)* बिसू की मौत की एक निहायत ही मामूली-सी घटना को लेकर दो रात तक बड़ी उखाड़-पछाड़ वाली मीटिंग होती रही लोचन के घर...मंत्रिमंडल गिराने तक की बात भी उठी। आप ही बताइए, इस महत्त्वपूर्ण चुनाव के मौक़े पर अपने ही लोगों का यह रवैया कहाँ तक उचित है? ज़रूरी नहीं है कि इस समय सारी पार्टी एकजुट होकर काम करे?

अप्पा साहब : *(परेशानी से)* जानता हूँ, जानता हूँ। लोचन को कितना समझाता-सँभालता भी रहता हूँ। लेकिन अब उसके भी अपने तर्क हैं।...दुर्भाग्यवश इधर कुछ ऐसी स्थितियाँ उभरकर सामने आ रही हैं जिससे लगता है, जैसे हम खेत-मालिकों को प्रश्रय दे रहे हैं, जातिवाद को बढ़ावा दे रहे हैं। लोचन की शिकायत ही यह है कि क्या यही थे हमारी पार्टी के उद्देश्य?

दा साहब : *(आवेशहीन ठंडे स्वर में)* उद्देश्य तो शायद यह भी नहीं थे कि हम अपने व्यक्तिगत स्वार्थ और हित को पार्टी की एकता और हित से ऊपर रखेंगे। अगर सचमुच कोई शिकायत थी तो चुनाव के बाद बैठकर हम बात कर सकते थे...लेकिन ऐन इस मौक़े पर इन बातों को उठाने का मतलब? बहुत साफ़ बात है कि अनुचित दबाव डालकर वह सौदा करना चाहता है।

अप्पा साहब : आप थोड़ा ग़लत समझ रहे हैं, दा साहब...लोचन के मन में स्वार्थ की बात इतनी नहीं है। वह तो...।

दा साहब : अपना भाव बढ़ाने के लिए विद्रोही तेवर अपनाए हुए है। अभी गृह-विभाग सौंप दूँ लोचन के हाथ में तो सारे विरोध शान्त हो जाएँगे।

अप्पा साहब : देखिए दा साहब, मैंने तो आपको तभी कहा था कि गृह-विभाग अपने हाथ में रखकर आप कुछ लोगों की नाराज़गी मोल लेंगे। दो-तीन लोगों की नज़र भी लगी हुई है गृह-विभाग पर, लेकिन लोचन उन लोगों में से नहीं है।...ग़रीब तबक़े के लिए सचमुच उसके मन में बहुत तड़प है।

दा साहब : *(हलके से व्यंग्य के साथ)* वित्तमंत्री चौधरी भी तो साथी हैं लोचन के...दाएँ हाथ ही बने हुए हैं आजकल तो। उनके मन में भी बहुत तड़प होगी इस तबक़े के लिए और इसीलिए शायद घरेलू उद्योग योजना के लिए पैसा देने में उन्हें आपत्ति हो रही थी!

अप्पा साहब : चौधरी तो लखन को खड़ा करने से नाराज़ हैं। आपका विशेष आग्रह था, इसलिए मैं तो ख़ैर मान गया, पर कई लोगों को इस बात की शिकायत है कि सुकुल बाबू के मुक़ाबले में हमारी पार्टी की तरफ़ से भी किसी महत्त्वपूर्ण व्यक्ति को खड़ा करना चाहिए था जिसका कोई राजनीतिक कैरियर रहा हो, कोई स्टैंडिंग हो।

दा साहब : और सबसे महत्त्वपूर्ण आदमी शायद चौधरी का अपना आदमी था। *(क्षणिक विराम)* लखन ईमानदार तो है, उसमें निष्ठा तो है जो इन राजनीतिक कैरियर और स्टैंडिंग वालों में देखने को भी नहीं मिलती आज। *(क्षोभ और वितृष्णा के साथ)* इन दस महीनों में जो आचरण देखा है—जैसी लिप्सा और पद-लोलुपता देखी है...!

अप्पा साहब : आप सोचते हैं, मुझे कम तकलीफ़ है इन बातों की? लेकिन जहाँ दस लोग हैं तो निश्चित समझिए कि उनके दस तरह के मन होंगे, दस तरह की आकांक्षाएँ होंगी...दस तरह के असन्तोष भी होंगे और हमें सबको साथ लेकर चलना है... मजबूरी है यह हमारी। उन सबकी सहमति और सन्तोष में ही अस्तित्व है हमारा।...इसीलिए कहता हूँ दा साहब कि जहाँ तक सम्भव हो हम अधिक से अधिक लोगों को सन्तुष्ट करने की कोशिश करें।

दा साहब : लेकिन सन्तोष यदि सौदेबाज़ी पर टिका हो तो?

अप्पा साहब : नहीं दा साहब, बात सिर्फ़ सौदेबाज़ी की नहीं है। दरअसल उनका असन्तोष टिका है जनता के असन्तोष पर, जनता में उनकी बिगड़ती इमेज पर। आख़िर वोट तो जनता से ही लेने हैं। *(क्षणिक विराम)* अब इस बिसू वाली बात को ही लीजिए, कितना तनाव है लोगों में...बहुत ज़रूरी है कि उन्हें इस समय सन्तुष्ट किया जाए।

पांडेजी : लेकिन साब, इस बार तो संयोग से मैं वहीं था। किसी तरह की कोई ढील हुई ही नहीं। तुरन्त सारे बयान हुए और मामला डी.आई.जी. के हाथ में सौंप दिया गया कि वो ख़ुद रिपोर्ट तैयार करें।

अप्पा साहब : लेकिन डी.आई.जी. अपनी रिपोर्ट तो थानेदार के लिए हुए बयानों के आधार पर ही करेंगे...लोगों की तकलीफ़ ही यह है कि डर के मारे थानेदार के सामने किसी ने कुछ कहा ही नहीं...। *(रत्ती का प्रवेश)*

रत्ती : दत्ता बाबू आए हैं, साब!

दा साहब : बिठाओ उन्हें। *(रत्ती का प्रस्थान)*

अप्पा साहब : मैं तो समझता हूँ दा साहब कि इस घटना से हमें भी एक मौक़ा मिल रहा है अपनी इमेज सुधारने का...जनता की याददाश्त बहुत छोटी होती है। इस बार सन्तुष्ट हो गए तो आगजनी का घाव भी भर जाएगा।...और पार्टी के भीतर जो लोग इमेज को लेकर परेशान हैं, उन्हें भी शान्त किया जा सकेगा। इस मौक़े का पूरा-पूरा फ़ायदा उठाना चाहिए हमें भी।

दा साहब : *(किसी गहरे सोच में से उबरते हुए)* हूँऽऽ! आप पार्टी के लोगों को सँभालने की कोशिश करिए, अप्पा साहब! बहुत ज़रूरी है इस समय कि हम आपसी मतभेद भुलाकर अपनी सारी शक्ति इस चुनाव पर ही केन्द्रित कर दें।

अप्पा साहब : अच्छा तो इस समय मैं चलूँ। और लोगों से भी मिलना है। इस विषय में मैं आपसे जल्दी ही बात करूँगा।

दा साहब : *(उठकर)* कल फ़ोन करके समय तय कर लूँगा और मैं ख़ुद हाज़िर होऊँगा। *(दा साहब साथ-साथ चलने लगते हैं, अप्पा साहब रोकते हैं—'बस-बस'। पांडेजी गाड़ी तक छोड़ने के लिए साथ-साथ जाते हैं। दा साहब कुछ देर सोचते रहते हैं, फिर फ़ोन उठाकर रत्ती से)*

: दत्ता बाबू को भेजो...और देखो, पाँच-सात मिनट में डी.आई.जी. सिन्हा से मेरी बात करवा देना।

[दत्ता बाबू का प्रवेश।]

दत्ता बाबू : नमस्कार, दा साहब!

दा साहब : *(चेहरे का भाव बदल गया है। हलके-फुलके ढंग से)* आइए दत्ता बाबू, आइए। पर इस समय कैसे?

दत्ता बाबू : *(सकपकाकर)* जी वो आपने याद फ़रमाया था, पांडेजी ने...।

दा साहब : हाँ भाई हाँ, मैंने ही मिलने के लिए बुलाया था। एक बार समय माँगा था आपने इंटरव्यू के लिए, दे नहीं पाया था। समय के अभाव की बात तो अपनी जगह थी ही, पर मैं चाहता भी नहीं था।

दत्ता बाबू : *(भौचक्क भाव से)* जीऽऽऽ?

दा साहब : उस समय कहने को था ही क्या मेरे पास? मैं ये करूँगा, वो करूँगा, मेरे शासन-काल में ये होगा वो होगा...। पर ये गा... गे...गी वाली भाषा मुझसे बोली नहीं जाती। अरे भई, पहले कुछ कर लो। फिर उस पर बात करो। आलोचना करने को कहो...खुलकर।

दत्ता बाबू : *(आश्वस्त होकर)*...तो फिर आप सुविधा से समय दें या अभी...?

दा साहब : बहुत ज़रूरी है इंटरव्यू?

दत्ता बाबू : जी, मैं तो सोचता हूँ।

दा साहब : अपने दूसरे कर्तव्यों के बारे में सोचें तो ज़्यादा बेहतर नहीं होगा, दत्ता बाबू? मंत्रियों के इंटरव्यू छापने से कहीं महत्त्वपूर्ण भूमिका होती है पत्रकारों की...विशेषकर प्रजातंत्र में। *(क्षणिक विराम)* यदि उसे सही ढंग से निभाया जाए तो।

दत्ता बाबू : जी...जी, ये तो बिलकुल सही फ़रमाया आपने।

दा साहब : देखिए, लोगों ने भरोसा करके कुछ ज़िम्मेदारियाँ सौंपी हैं... चाहता हूँ, उन्हें पूरा करूँ। लेकिन सहयोग और मार्ग-दर्शन चाहिए बुद्धिजीवियों से।

दत्ता बाबू : *(गद्‌गद भाव से)* अरे दा साहब, हुकुम कीजिए आप!

दा साहब : हुकुम! मेरे हुकुम पर चलकर वजूद रख सकेंगे आप अपना? *(दत्ता बाबू सिटपिटा जाते हैं)* ख़ैर छोड़िए। लेकिन आप लोगों

का सहयोग माँगूँ, इससे पहले ज़रूरी है कि आप लोगों की परेशानियाँ जानूँ। *(क्षणिक विराम)* अब किसी तरह का कोई अंकुश तो महसूस नहीं होता, कोई दबाव?

दत्ता बाबू : जी नहीं, बिलकुल नहीं। इस बात के लिए तो बहुत शुक्रगुज़ार हैं हम आपके...।

दा साहब : भूल जाइए इस भाषा को। अख़बारों की स्वतंत्रता पहली शर्त है प्रजातंत्र की।

दत्ता बाबू : बिलकुल। वह तो है ही।

दा साहब : खुलकर टिप्पणी कीजिए। हम ग़लती करें तो खुलकर निन्दा भी कीजिए। भई, मैं तो कबीर के दोहे का कायल हूँ—'निन्दक नियरे राखिए'...निन्दक हमेशा ज़्यादा हितैषी होता है। लेकिन स्वभाव है आदमी का, प्रशंसा ही अच्छी लगती है उसे। ख़ैर, कोई परेशानी?

दत्ता बाबू : *(हिचकिचाते हुए)* जी परेशानियाँ तो हैं लेकिन...।

दा साहब : लेकिन...कहिए...कहिए...!

दत्ता बाबू : देखिए दा साहब...आप तो जानते ही हैं...मेरा मतलब है कि सही भूमिका निभाने की भी कुछ अनिवार्यताएँ होती हैं।

दा साहब : जैसे?

दत्ता बाबू : जैसे...अब अख़बारों की ही बात लीजिए। यह सही है कि अख़बारों की भूमिका बहुत अहम होती है, जिसको निभाने के लिए पूरी ईमानदारी और निष्ठा ज़रूरी है। लेकिन यह तो आप भी मानेंगे कि अख़बार से हम लोगों की निष्ठा ही नहीं, आजीविका भी जुड़ी होती है। यह निष्ठा बनी रहे, इसका काफ़ी उत्तरदायित्व सरकार पर भी है।

दा साहब : तो आप चाहते हैं कि सारे अख़बार सरकार चलाए?

दत्ता बाबू : जी...नहीं। चलाए नहीं, लेकिन इतनी सुविधा तो दे कि वो चलते रहें।

दा साहब : सुविधा?

दत्ता बाबू : दा साहब, आप नहीं जानते कि बिना सरकारी विज्ञापनों और काग़ज़ के कोटे के 'मशाल' को अपना अस्तित्व बनाए रखने

के लिए कितनी जद्दोजहद करनी पड़ती है!

दा साहब : पर मैंने तो काग़ज़ और विज्ञापनों पर से सारी पाबन्दियाँ हटा दी थीं। फिर आपको कोटा क्यों नहीं मिल रहा?

दत्ता बाबू : जी, बात ये है दा साहब कि बीच के लोग, फ़ाइलबाज़ी, और भी बहुत-से चक्कर होते हैं। अब आप तो जानते ही हैं...।

दा साहब : ओह! *(सोच में पड़ जाते हैं)* इसीलिए चाहता हूँ कि जब भी समय मिले स्वयं लोगों से मिलूँ, उनकी परेशानियाँ जानूँ। बीच का यह तंत्र...।

[फ़ोन का बज़र बजता है। दा साहब फ़ोन उठाते हैं।]

: डी.आई.जी.? अच्छा दो। हाँ, सिन्हा कहिए...सरोहा की रिपोर्ट तैयार हो गई?...अच्छी तरह छानबीन करके ख़ूब ग़ौर से देख लिया है न सारे मामले को?...सारे बयान और प्रमाण इसी नतीजे पर पहुँचाते हैं?...ठीक...*(कुछ सोचते हुए)* अच्छा देखिए, आप इस केस की फ़ाइल लेकर अभी मेरे पास आइए और साथ में किसी ऐसे अफ़सर को लेकर आइए जो गाँव वालों का विश्वास जीत सके, उन्हें सन्तुष्ट कर सके...आप आइए तो...।

[दा साहब सोच में पड़ जाते हैं, उनकी आँखें शून्य में टँग जाती हैं।]

: क्यों दत्ता बाबू, आपका क्या ख़याल है सरोहा वाली इस घटना के बारे में?

दत्ता बाबू : वो बिसेसर नाम के किसी नौजवान की हत्या का मामला...!

दा साहब : हत्या का मामला? *(चुभती नज़र से देखकर)* हत्या के प्रमाण मिल गए आपको?

दत्ता बाबू : जी नहीं, वो वहाँ के लोग...।

दा साहब : वहाँ के लोग नहीं दत्ता साहब, विरोधी पार्टी के लोग। इसी समझ के साथ निभाएँगे आप अपनी महत्त्वपूर्ण भूमिका?

दत्ता बाबू : जी वो हमारा रिपोर्टर...।

दा साहब : सड़क पर बेबुनियाद अफ़वाह फैलाने वाले और एक

ज़िम्मेदार पत्रकार में बहुत अन्तर होना चाहिए, दत्ता बाबू! डी.आई.जी. की रिपोर्ट से साफ़ ज़ाहिर है कि लड़के ने आत्महत्या की, लेकिन विरोधी पार्टी के लोग इस मामूली-सी घटना को हथकंडे की तरह इस्तेमाल कर रहे हैं। *(विराम। क्षोभ के साथ)* ज़रा से स्वार्थ के लिए लोगों की शान्ति और सद्भावना के साथ ऐसा खिलवाड़!

दत्ता बाबू : *(संकोच से)* जी, बहुत अनुचित है ये...।

दा साहब : पर कौन उँगली उठाता है इस अनुचित पर? किसमें रह गया है ये नैतिक बोध? *(विराम)* दत्ता बाबू, इस जर्जर सामाजिक ढाँचे को बदलने के लिए समाज के हर वर्ग का योगदान आवश्यक है। अकेली सरकार कुछ नहीं कर सकती। अब यही देखिए, हमने घरेलू उद्योग योजना जैसे कार्यक्रम शुरू किये हैं। लेकिन इन्हें लोगों तक पहुँचाने, लोगों को इनका महत्त्व समझाने तथा इनके लिए वातावरण तैयार करने का काम आप लोगों का है। लीजिए यह ज़िम्मेदारी...!

दत्ता बाबू : जी, ये तो फ़र्ज़ है हमारा...।

दा साहब : केवल कहने से नहीं होता दत्ता बाबू, मन में बड़ा गहरा लगाव होना चाहिए ग़रीब तबक़े के लिए। वो आज है किसमें? नेता इस तबक़े की बात करता है सिर्फ़ चुनाव जीतने के लिए, आप इसकी ख़बरें छापते हैं सिर्फ़ अपने अख़बार की बिक्री बढ़ाने के लिए।

दत्ता बाबू : जी...? *(सिटपिटा जाते हैं)*

दा साहब : पढ़े हैं मैंने आपके अख़बार के कुछ अंक। इतना सनसनीखेज़ और चटपटा होता है ग़रीबों का दुख, उनकी तकलीफ़?

दत्ता बाबू : नहीं...नहीं...जी वो...।

दा साहब : जो हुआ उसकी सफ़ाई नहीं माँग रहा। बस इतना याद रखिए कि स्वतंत्रता का अर्थ मनमानी क़तई नहीं होता। हमें स्वतंत्रता ही नहीं, ज़िम्मेदारियाँ भी मिली हैं।

[कहते हुए दा साहब पास रखी एक फ़ाइल खींच लेते

हैं। दत्ता बाबू इसे अपने लिए उठने का संकेत समझकर उठते हुए।]

दत्ता बाबू : अच्छा...जी...तो फिर मुझे आज्ञा दें...!

दा साहब : चलेंगे? अच्छा चलिए। *(दत्ता जाने लगता है, दा साहब का व्यस्त स्वर सुनाई देता है)* वो काग़ज़ वग़ैरह की कुछ परेशानियाँ बता रहे थे आप...रत्ती से बात कर लीजिए।

[दत्ता जैसे हर्ष और कृतज्ञता से गूँगा हो गया है।]

दत्ता बाबू : बहुत-बहुत शुक्रिया दा साहब, बहुत-बहुत शुक्रिया! *(जाने लगता है तो दा साहब फिर टोक देते हैं)*

दा साहब : लेकिन आया कीजिए कभी-कभी। आपका और हमारा संवाद बना रहना चाहिए। आप दर्पण हैं हमारे, कुछ धुँधले अवश्य हैं, लेकिन...बुरा मत मानिएगा। क्या करूँ, अपने को रोक नहीं पाता। बुद्धिजीवियों से बहुत ज़्यादा अपेक्षा करता हूँ। शायद...। *(दत्ता बाहर रत्ती के पास जाता है। सिन्हा और सक्सेना आते दिखाई देते हैं)*

दत्ता बाबू : *(आश्चर्य से)* वाह सिन्हा साहब, कमाल! अभी फ़ोन पहुँचा और अभी आप दोनों हाज़िर।

सिन्हा : *(मुस्कराकर)* प्रॉम्प्टनेस दाई नेम इज़ पुलिस।

दत्ता बाबू : हाँ, आज तो आप ज़रूर कह सकते हैं।...वैसे इस बार सरोहा वाले मामले में बड़ी मुस्तैदी दिखाई आप लोगों ने। चट तहक़ीक़ात और पट रिपोर्ट।

सिन्हा : हमसे ज़्यादा मुस्तैदी तो आपने दिखा दी। हमारी रिपोर्ट तो आई भी नहीं और आपने छाप दिया 'रहस्यात्मक हत्या'।

दत्ता बाबू : बस, बस, बड़ी ग़लती हो गई इस बार...आपकी रिपोर्ट कब मिलेगी?

सिन्हा : कल ले लीजिए। *(चेहरा ज़रा पास लाकर)* और जाकर आत्महत्या करिए अब! *(दोनों मुस्कराते हैं)*

[सक्सेना दोनों की बातें सुनता है, चेहरे पर नासमझी

का भाव...पर जैसे कुछ समझने की कोशिश कर रहा है। रत्ती दोनों को भीतर जाने के लिए कहता है। दोनों दा साहब के कमरे में सेल्यूट मारते हैं। फ़ाइल में डूबे हुए दा साहब क्षणांश के लिए आँख उठाकर अभिवादन स्वीकार करते हैं। हाथ के इशारे से बैठने को कहते हैं। अपनी फ़ाइल पूरी करके एक ओर सरकाते हैं।]

सिन्हा : *(फ़ाइल सामने करके)* सर, ये फ़ाइल है और ये एस.पी. सक्सेना। *(सक्सेना एक बार फिर से सेल्यूट मारता है, दा साहब ऊपर से नीचे तक उसका मुआयना करते हैं)*

दा साहब : *(फ़ाइल को अपनी तरफ़ खींचकर)* क्या कहती है आपकी रिपोर्ट?

सिन्हा : सर, इट्स ए क्लीयर केस ऑफ़ सुसाइड।

दा साहब : सारे बयान और प्रमाण इसी नतीजे पर पहुँचाते हैं? किसी तरह का कोई सन्देह तो नहीं?

सिन्हा : नो सर! यह तो बहुत ही सीधा केस है...नो कॉम्प्लीकेशन।

दा साहब : तब फिर इसको लेकर सरोहा में इतना तनाव क्यों? गाँव में इस तरह की चर्चा है कि पुलिस के डर से पूरे बयान नहीं दिये लोगों ने। क्या यह सच है?

सिन्हा : नो सर...बिलकुल नहीं...ये तो...।

दा साहब : पुलिस के सामने यदि जनता डरती है तो शर्म की बात है यह, पुलिस के लिए भी और मेरे अपने लिए भी।

सिन्हा : लेकिन सर, ऐसी कोई बात है ही नहीं...सबके बयान हैं इस फ़ाइल में...आप तो जानते हैं सर, चुनाव के मौक़े पर इस तरह की बातें फैलाकर विरोधी पार्टी के लोग बिला वजह भड़का रहे हैं लोगों को...।

दा साहब : तो हमें उन्हें सन्तुष्ट करना चाहिए। *(सक्सेना को देखकर)* मिस्टर सक्सेना, मैं चाहता हूँ कि आप सरोहा जाकर एक बार फिर से तहक़ीक़ात करें इस मामले की।

सिन्हा : *(आश्चर्य और परेशानी से)* फिर से तहक़ीक़ात? लेकिन सर, इसकी कोई ज़रूरत ही नहीं। बहुत ध्यान और मेहनत से रिपोर्ट

तैयार की है, सर, मैंने...इसमें शक-शुबह की कोई गुंजाइश ही नहीं। आप एक बार देखेंगे सर, तो आपके सारे सन्देह दूर हो जाएँगे।

दा साहब : मुझे किसी तरह का कोई सन्देह नहीं है, मिस्टर सिन्हा...न आपकी मेहनत में, न आपकी रिपोर्ट में। लेकिन यदि लोगों के मन में इस तरह की भावना है तो हमें, उसे भी दूर करना है। *(सिन्हा के चेहरे पर अप्रसन्नता का भाव)* देखिए, मिस्टर सक्सेना, एक बात का ध्यान रखिए कि गाँव में किसी के साथ, किसी तरह की सख़्ती न हो। इस तरह पेश आइए कि हिम्मत और हौसला बढ़े लोगों का, वे बिना डर और झिझक के अपनी बात कहें।

सक्सेना : यस सर!

दा साहब : *(एक-एक शब्द पर ज़ोर देकर)* हमें विश्वास जीतना है लोगों का और इसके लिए ज़रूरी है कि आप अपना आतंक जमाने वाला पुलिसी रवैया यहीं छोड़कर जाएँ।

सिन्हा : आप चिन्ता न करें, सर...ही इज़ द राइट पर्सन, सर!

दा साहब : यह तो इनका काम बताएगा।

सक्सेना : आप निश्चिन्त रहिए सर, पूरी कोशिश करूँगा कि आपको सन्तुष्ट कर सकूँ।

दा साहब : मुझे नहीं, वहाँ के लोगों को!

[फ़ोन का बज़र बजता है, दा साहब उठाते हैं। उधर से रत्ती—'आपकी मीटिंग का समय हो रहा है, साब'। फ़ोन रखकर सक्सेना से।]

: चौदह तारीख़ को मैं सरोहा जा रहा हूँ। वहाँ कहकर आऊँगा लोगों से! उसके दूसरे दिन से ही आप अपना काम शुरू कर दीजिए।...लोगों को किसी तरह की शिकायत का मौक़ा नहीं मिलना चाहिए।

[उठते हैं, दोनों सेल्यूट ठोकते हैं। दा साहब एक क़दम आगे बढ़कर, पीछे मुड़कर।]

: और देखिए, यों तो गाँव वाले बड़े सीधे और सरल होते हैं, पर मन में ज़हर भर दिया जाए तो ख़तरनाक भी हो जाते हैं कभी-कभी। सावधान रहिए।

[भीतर जाने वाले दरवाज़े से चले जाते हैं।]

सिन्हा : *(हलकी-सी परेशानी)* यह फिर से तहक़ीक़ात! *(सक्सेना से)* फ़ाइल कल मिल जाएगी...वैसे कोई ख़ास बात नहीं। चार साल तक जेल काटकर आया था यह लड़का, तब से बेकार। गाँव के लोग इसे आवारा और अनडिज़ायरेबल एलिमेंट समझते थे... बला। जेल जाने से पहले कुछ प्रेम-वेम का चक्कर भी था। लौटकर देखा, लड़की की शादी हो गई। बेकारी...भुखमरी... और प्रेम में निराशा...सिनिक हो गया था और बस। *(दोनों कंधे झटक देता है)* ए व्हेरी सिम्पल केस।

सक्सेना : मैं पूरी कोशिश करूँगा सर, कि मामले की तह तक जाऊँ और...।

सिन्हा : *(बात काटकर)* रिपोर्ट तैयार है, सक्सेना! तुम्हें सिर्फ़ वहाँ के लोगों का विश्वास जीतना है।

सक्सेना : *(चेहरे पर असन्तोष और दुविधा का भाव)* लेकिन सर, यदि...।

सिन्हा : *(पास आकर अपनेपन से कंधा थपथपाते हुए)* हमेशा की तरह चीज़ों को उलझाओ मत, सक्सेना! दोस्त की हैसियत से कह रहा हूँ। दा साहब ने बुलाकर काम सौंपा है। डोन्ट मिस दिस औपरच्युनिटी। चलो!

[सिन्हा दो क़दम आगे बढ़ जाता है। परेशानी और असमंजस में डूबा सक्सेना वहीं खड़ा रहता है। सिन्हा मुड़कर पीछे देखता है तो सक्सेना एकाएक जैसे सचेत होता है और सिन्हा के पीछे-पीछे चल देता है। अन्धकार।]

दृश्य : छह

['मशाल' का दफ़्तर। चपरासीनुमा लड़का फ़ाइलें जमा रहा है। कुछ दूर पर बिन्दा और महेश बैठे हैं। दत्ता बाबू हड़बड़ाये-से आते हैं। उनके चेहरे पर प्रसन्नता छलकी पड़ रही है।]

दत्ता बाबू : भवानी! *(लड़के से)* भवानी कहाँ चले गए?

लड़का : आपको नहीं मिले? अरे, अभी-अभी तो नीचे उतरे।

दत्ता बाबू : जा, तुरन्त दौड़कर बुला...कहना बहुत ज़रूरी काम है।

लड़का : *(बिन्दा और महेश की ओर इशारा करके)* ये दोनों भी बहुत देर से बैठे हैं आपकी इन्तज़ार में।

[दोनों खड़े हो जाते हैं।]

दत्ता बाबू : तू दौड़ न...भवानी कहीं निकल न जाए...साथ ही पकड़ लाना। *(लड़का दौड़ जाता है। दोनों की ओर देखकर)* आप लोगों की तारीफ़?

महेश : *(ज़रा-सा आगे बढ़कर नमस्ते करता है)* मैं हूँ महेश शर्मा और ये बिन्देश्वरी प्रसाद। हम लोग सरोहा से आए हैं। कुछ बहुत ज़रूरी...।

दत्ता बाबू : *(रुखाई से)* लेकिन यह तो कोई समय नहीं है आने का। कल दफ़्तर के समय आइए।

[बिन्दा का चेहरा तमतमा जाता है।]

महेश : आए तो हम समय से ही थे, लेकिन आप थे नहीं इसलिए...।

दत्ता बाबू : जहाँ तक मेरा ख़याल है, आपसे कोई अपॉइंटमेंट तो था नहीं मेरा जो मैं आपको यहाँ मिलता ही। वैसे भी कुछ बहुत ही ज़रूरी काम में व्यस्त हूँ मैं आज।

[मेज़ पर कुछ काग़ज़ उलटने-पलटने लगते हैं।]

महेश : *(हलके-से तैश में आकर)* नरोत्तम बाबू ने कहा था कि आज ही जाकर आपसे मिलें...हमने सोचा, उन्होंने आपसे बात कर ली होगी।

दत्ता बाबू : नरोत्तम ने भेजा है? *(एक क्षण कुछ सोचता है)* कहिए, क्या बात है?

महेश : *(थोड़े उत्साह में आकर)* देखिए, आपके अख़बार ने आगज़नी की घटना को इतने विस्तार से छापा...बिसू की हत्या वाले मामले को भी इतने महत्त्वपूर्ण ढंग से छापा, इसलिए हम लोग आपके पास आए हैं...।

दत्ता बाबू : वो सब ठीक है...कहना क्या चाहते हैं आप?

महेश : आप शायद नहीं जानते कि बिसू की हत्या के पीछे क्या कारण है? *(दत्ता ध्यान देता है)* उसने आगजनी की घटना के प्रमाण जुटा लिये थे और वह उस मामले को फिर से खुलवाना चाहता था। बस, उसे मरवा दिया गया। बहुत साफ़ है कि आगजनी का मुजरिम और बिसू का हत्यारा एक ही है—अब वे प्रमाण *(बिन्दा की ओर इशारा करके)* इनके पास हैं। ये ख़ास दोस्त हैं बिसू के और नरोत्तम बाबू दो दिन से इनके पीछे पड़े हुए थे कि जैसे भी हो इन प्रमाणों को 'मशाल' में छपने के लिए आपको दे दें जिससे कि सरोहा में दिन-दहाड़े हो रहे अत्याचारों का पर्दाफ़ाश किया जा सके।

दत्ता बाबू : *(चुभती नज़रों से देखते हुए)* पहली बात तो यह बताइए कि इस लड़के की हत्या ही की गई है, इसका कोई प्रमाण है आपके पास?

महेश : *(आश्चर्य से)* मतलब?

बिन्दा : परमाण क्या करेंगे, सच्चाई है यह...आपने तो खुदै छापा है।

दत्ता बाबू : ज़रूर छापा है, लेकिन वह केवल अनुमान था...पुलिस की रिपोर्ट नहीं थी।

बिन्दा : पुलिस की रपट तो कभी आएगी भी नहीं।

दत्ता बाबू : आज आ गई है रिपोर्ट। *(एक क्षण रुककर, दोनों उत्सुकता से देखते हैं)* लड़के ने आत्महत्या की है।

बिन्दा : *(ग़ुस्से से)* आत्महत्या! जरूरै आई होगी। पुलिस ने तो आगजनी के मामले में भी रपट दी थी कि किसी ने आग नहीं लगाई... वे भी खुदै जलकर मर गए थे।...बहुत सौक रहा था उन्हें मरने का!...चलो महेस बाबू! *(चलने के लिए मुड़ता है)*

महेश : *(बिन्दा को रोककर दत्ता को समझाते हुए)* देखिए, पुलिस तो सारे मामले को दबा ही रही है, इसलिए ज़रूरी है कि आप लोग बातों की तह तक जाएँ और असलियत को सबके सामने लाएँ।

दत्ता बाबू : *(बिना आदेश के ठंडे, लेकिन दृढ़ स्वर में)* मिस्टर...आप लोग नहीं समझते हैं, चुनाव के कारण इन दिनों सरोहा अफ़वाहों का केन्द्र बना हुआ है...छोटी-छोटी बातों को तुल दिया जाता है...दिन में कम-से-कम दस लोग आते हैं यहाँ एक-से-एक सनसनीखेज़ ख़बरें लेकर...अगर इस तरह 'मशाल' सबको छापने लगे तो हो गया, आख़िर 'मशाल' एक ज़िम्मेदार अख़बार है...। *(भवानी इसी संवाद के बीच आकर खड़ा हो जाता है)*

भवानी : *(माहौल को सूँघते हुए, आश्चर्य और जिज्ञासा से)* बात क्या है?

दत्ता बाबू : 'मशाल' में कुछ छपवाना चाहते हैं।

बिन्दा : हम नहीं छपवाना चाहते...आपका वो आदमी पीछे पड़ा था छपाने के लिए।

दत्ता बाबू : *(बात को समाप्त करने के इरादे से—महेश को)* ठीक है आप जो लाए हैं, रख जाइए—अगर कोई वज़नदार और विश्वसनीय बात हुई तो हम छाप देंगे...परसों आकर मिल लीजिए।

बिन्दा : *(ग़ुस्से और हिक़ारत से)* जानते हैं इसकी कीमत? एक आदमी

ने अपनी जान दी है, इसके खातिर...चलो महेस बाबू! ये दो कौड़ी के सम्पादक क्या समझेंगे? चलो! *(महेश को घसीटता हुआ ले जाता है। महेश भी ग़ुस्से से देखता हुआ निकल जाता है)*

भवानी : *(जो कुछ भी नहीं समझ पा रहा है, बेहद आश्चर्य से)* चक्कर क्या है? कौन थे ये लोग...बड़ी बदतमीज़ी से बोल रहा था।

दत्ता बाबू : चक्कर है तुम्हारे नरोत्तम का...*(बुदबुदाते हुए)* और कुछ नहीं तो इन्हीं को यहाँ भेज दिया।

भवानी : छपवाना क्या चाहते थे?

दत्ता बाबू : कहने लगे कि आगजनी के प्रमाण हैं हमारे पास। ऐसे आदमियों की किसी बात का विश्वास किया जा सकता है? देखा नहीं, एक तो शकल से ही गुंडा लगता था।

भवानी : *(जैसे अभी भी स्थिति समझ में नहीं आ रही हो)* लेकिन नरोत्तम ने भेजा था तो ज़रूर कोई बात होगी—आपको एक बार देखना तो चाहिए था, कम-से-कम।

दत्ता बाबू : जवाब नहीं सुना जब कहा कि रख जाओ काग़ज़!...नरोत्तम को आदमी की पहचान है कोई? समझता नहीं कि चुनाव के दिनों में कितना सावधान और सतर्क रहने की ज़रूरत है...हुँह! *(स्वर बदलकर)* और तुम कहाँ चले गए थे? कह नहीं गया था कि मैं आऊँ तब तक ठहरना यहीं?

भवानी : आख़िरी फ़रमा ओ. के. करके मशी . पर चढ़वाने के बाद भी काफ़ी देर तक इन्तज़ार किया आपका...फिर कुछ काम था तो...!

दत्ता बाबू : आख़िरी पेज भी चढ़वा दिया! *(ज़ोर से घंटी मारता है। लड़का आता है)* जाकर मशीन रुकवा दे एकदम! *(लेकिन कहने के साथ ही दत्ता ख़ुद ही भीतर चले जाते हैं)*

भवानी : *(आश्चर्य से)* मशीन रुकवा दे...बात क्या हो गई? *(कुछ सोचते हुए)* कहीं दा साहब ने अख़बार बन्द करने को कह दिया क्या?

[दत्ता भीतर मशीन रुकवाकर आते हैं। भवानी के चेहरे

का भौचक भाव देखकर हँसने लगते हैं। भवानी हतप्रभ-सा उन्हें देखने लगता है।]

दत्ता बाबू : देखो भवानी, आर्थिक संकट के कारण हम अकसर बहुत घटिया स्तर की चीज़ें छापते रहे हैं...क्या करते, मजबूरी थी हमारी। लेकिन आज दा साहब की इस मुलाक़ात से काफ़ी हद तक आर्थिक समस्या सुलझाने का इन्तज़ाम कर आया हूँ।

भवानी : वो कैसे? दा साहब ने कोई हुंडी थमा दी है क्या?

दत्ता बाबू : अख़बार वाले को काग़ज़ का डबल कोटा मिल जाए तो हुंडी ही समझो।

भवानी : *(जैसे विश्वास न हो रहा हो)* काग़ज़ का कोटा, वह भी डबल!

दत्ता बाबू : चार विज्ञापनों का वायदा और चार का ही आश्वासन...और मुख्यमंत्री के पी. ए. का आश्वासन, यानी पक्का ही समझो इन्हें भी...!

भवानी : *(गद्गद भाव से)* यह सब करवा लिया आपने? मुझे तो विश्वास ही नहीं हो रहा।

दत्ता बाबू : और नहीं तो आधे घंटे से वहाँ क्या झख मार रहा था! *(दोनों हँसते हैं। स्वर में गर्व और सन्तोष भरकर)* और सुनो, दा साहब मुझे प्रजातंत्र में अख़बारों की महत्त्वपूर्ण भूमिका समझाने लगे...मैं भी सुनता रहा। और ज्यों ही मौक़ा मिला मैं झपट पड़ा दा साहब के ऊपर। साफ़ कह दिया—भूमिका क्या निभाएँ दा साहब, न साधन, न सुविधाएँ...और बस, उधर से ज़रा-सा संकेत मिला कि तुरन्त उनके पी. ए. और पांडेजी से मिल-मिलाकर सारा मामला फिट कर लिया। देखते जाओ, एक महीने के भीतर-भीतर 'मशाल' को प्रान्त के स्कूल-कॉलेजों के लिए अनिवार्य करवा लूँगा।

भवानी : मतलब, काफ़ी ढंग के आदमी निकले दा साहब!

दत्ता बाबू : वह तो ढंग के निकले, लेकिन अब 'मशाल' को भी ढंग से निकालना होगा—मसाले वाले पुलाव एकदम बन्द। अधिक ज़िम्मेदार और गम्भीर रूप देना होगा अब इसे। सबसे पहले

तो इसी अंक का कायाकल्प करना होगा।

भवानी : लेकिन इस अंक में तो ऐसी कोई बात नहीं गई है...बिसू की हत्या को लेकर काफ़ी अच्छी सामग्री दी है हमने।

दत्ता बाबू : हत्या!...तुम लोगों की इस जल्दबाज़ी के कारण ही तो हमेशा परेशान रहता हूँ मैं। अब ये दो टके की घटना...परिशिष्ट निकालने को मजबूर किया मुझे...और जानते हो, असलियत क्या है?...आत्महत्या की है लड़के ने।

भवानी : आत्महत्या?

दत्ता बाबू : हाँ, आत्महत्या।

भवानी : आपको कैसे मालूम?...दा साहब ने बताया? *(स्वर में व्यंग्य का हलका-सा पुट उभर आता है)* कहीं इसीलिए तो ये...?

दत्ता बाबू : दा साहब क्या बताएँगे! वो तो मैं वहाँ से निकल रहा था तभी डी.आई.जी. सिन्हा से भेंट हो गई। मुझे फटकारा भी उन्होंने कि रिपोर्ट आने के पहले ही हत्या क्यों छाप दिया! जबकि इट्स ए क्लीयर केस ऑफ़ सुसाइड।...अब फ्रंट पेज और सम्पादकीय दोनों बदलने पड़ेंगे।

भवानी : ठीक है, आप चिन्ता क्यों करते हैं? रिपोर्ट आने दीजिए—बस कल का सारा दिन और सारी रात लगानी पड़ेगी, हत्या को आत्महत्या करने के लिए। *(हँसता है)*

दत्ता बाबू : सोचता हूँ, दो विशेषांक भी प्लान करें—एक चुनाव को लेकर और दूसरा घरेलू उद्योग योजना को लेकर।

[नरोत्तम का प्रवेश। ग़ुस्से में जैसे काँप-सा रहा है। दरवाज़े पर से ही।]

नरोत्तम : बिन्दा और महेश को आपने अपमानित करके निकाल दिया... कितनी मुश्किल से तैयार किया था मैंने उन्हें यहाँ आने के लिए!

भवानी : लेकिन नरोत्तम, ऐसे बेहूदे आदमी को तुमने भेजा ही क्यों...?

नरोत्तम : *(उसी तरह ग़ुस्से से)* जानते हैं, कितने महत्त्वपूर्ण काग़ज़ात थे उनके पास? आगजनी के प्रमाण! छाप देते तो नौ-नौ आदमियों को जलाने वाला हत्यारा उजागर हो जाता...फिर सरकार भी नहीं

दबा सकती थी मामले को। कितना बड़ा काम होता 'मशाल' के द्वारा—लेकिन आप लोगों के लिए अहमियत रखते हैं मंत्रियों के प्रेम-प्रसंग—कौन किसके साथ सोया...किसके साथ बलात्कार किया...!

भवानी : *(एकदम भौचक्का-सा देखता रहता है। फिर एकदम पास आकर)* क्यों इस तरह चिल्ला रहे हो?...यदि कोई इतनी महत्त्वपूर्ण बात थी तो तुम साथ लेकर आते उनको। वे तो यहाँ आकर ऊल-जलूल बक रहे थे...।

नरोत्तम : *(उसी तरह ग़ुस्से में)* ये सब तो बहाने हैं—उस ख़बर को छापने का ख़तरा मोल ले सकें, इतनी हिम्मत ही कहाँ है आप लोगों में? इतने दिनों में यह तो समझ ही लेना चाहिए था मुझे कि आप लोगों के लिए अख़बार का मतलब है सिर्फ़ धन्धा। कितने बेदम, बेजान और नपुंसक हैं हम सब पत्रकार!

दत्ता बाबू : *(सख़्त आवाज़ में)* नरोत्तम, यह चुनाव का मंच नहीं, 'मशाल' का दफ़्तर है, और 'मशाल' कोई चंडूख़ाना नहीं जो बेसिर-पैर की ख़बरें छापता रहे।

नरोत्तम : बेसिर-पैर की ख़बरें?...'मशाल' की शक्ल सुधारने के लिए रात-दिन एक किया है मैंने...उसे थोड़ा ढंग का...।

दत्ता बाबू : विरोधी पार्टी के लोग बिसू की मौत को हथकंडे की तरह इस्तेमाल कर रहे हैं...और तुम हो कि उनका झंडा उठाए फिर रहे हो। 'मशाल' का इस्तेमाल करना चाहते हो उनकी इन टुच्ची हरकतों के प्रचार के लिए। ये सब यहाँ नहीं हो सकता है, समझे!

नरोत्तम : लानत है मुझ पर जो अब एक दिन के लिए भी इस अख़बार के साथ जुड़ा रहूँ...!

[भवानी उसे सांत्वना देने के लिए पकड़ना चाहता है, पर वह झटककर निकल जाता है। भवानी हतप्रभ-सा दत्ता बाबू को देखता है। अन्धकार।]

दृश्य : सात

[पीछे से ग्रामोफ़ोन पर बहुत ही चलती हुई धुन का रिकॉर्ड बज रहा है। गाँव के पंचायतघर में सजावट हो रही है। चारों ओर चहल-पहल। जोरावर हाथ में एक काग़ज़ लिये भीतरी कक्ष से प्रवेश करता है। सिगरेट का एक गहरा कश खींचकर चारों ओर देखता है। एक लड़की ज़मीन पर गिरे हुए फूल-पत्ते साफ़ कर रही है, दूसरा लड़का माला लटका रहा है। एकाध लड़का या लड़की काम करते हुए दिखाए जा सकते हैं। माला हाथ में लिये एक लड़की 'राम-राम ठाकुर साहेब' कहती है।]

जोरावर : 'राम-राम'। जल्दी से दो माला दरवाजे पर और लटका दे। और देख, दा साहब को पहनाने वाले हार अलग रखना। *(सफ़ाई करने वाली लड़की से)* जरा जल्दी हाथ चला ना। खड़ी मुँह क्या ताकती है! *(एक कार्यकर्ता दौड़ता हुआ आता है)*

कार्यकर्ता : जोरावर जी, मंच पर माइक और रोशनी का इन्तज़ाम तो हो गया।

जोरावर : हो गया? मैक अच्छी तरह देख लिया, ऐन मौके पर ससुरा कहीं किर्र...कीं-कूँ न करने लगे।

[कार्यकर्ता स्वीकृति में सिर हिलाकर लौटता है, गाँव का एक लड़का आता है।]

लड़का : दद्दा, पानी की दुओ गाड़ी आय गईं।

जोरावर : तो छिड़कवाओ पानी और घड़े भरवाओ। *(लड़का लौट जाता है)*

: *(फिर लठैत से)* मंच के पास सब बइठ गए? लठैतन को एक बार फिर बोल देओ, हिलने नहीं देंगे कोऊ ससुरे को वहाँ से। और सुनो, पंचायतघर की तरफ़ फटके नहीं कोई।

[माला लटकाकर लड़की एक बार चारों तरफ़ नज़र डालती है।]

लड़का : वाह, जँच गया अपना पंचायतघर तो!

जोरावर : जँचेगा नाहीं? *(लड़की से)* नीबू-पानी तैयार है न? दा साहेब को आते ही नीबू-पानी देना—टिरे में जमाकर, सउर से।

लड़की : सब तैयार है।

[मंच के दूसरी तरफ़ से काशी के साथ चार-पाँच लड़के काली झंडी लिये आते दिखाई देते हैं।]

जोरावर : *(लड़के से)* ठीक पाँच बजे दा साहब की गाड़ी पहुँच जाएगी। दा साहब समय के ऐसे पाबन्द कि चाहो तो घड़ी मिला लो। *(काग़ज़ की ओर देखते हुए)* पाँच से सवा पाँच तक पंचायतघर में स्वागत, सवा पाँच से छह बजे तक मंच पे भासन, छह बजे उद्घाटन—फिर हमारा धन्यवाद का भासन...*(एकाएक काशी और उनके लड़कों पर नज़र पड़ती है जो पंचायतघर के क़रीब आ गए हैं)*

: ऐ कासी दादा, हियाँ नहीं चलेगा ई सब। जो गड़बड़ कुछ की है न तुम्हार इन लौंडे-लपाड़ों ने आज के दिन तो—जोरावर के गाँव में दा साहब के सामने कोई ऐसी-वैसी बात...!

काशी : गड़बड़ कुछ नहीं, सिर्फ़ मौन विरोध प्रकट करेंगे *(लड़कों से)* दा साहब आएँ तो काली झंडियाँ दिखाकर सिर्फ़ नारा देना है—हुड़दंग ज़रा भी नहीं।

जोरावर : नारा देकर मौन विरोध होगा?

काशी : *(हँसकर)* मौन में नारा तो चलता ही है।

जोरावर : जो भी करवाना है उधर मंच पर करवाओ। यहाँ पंचायतघर में कोई झमेला—टंटा-बखेड़ा नाहीं।

काशी : *(हलके-से व्यंग्य के साथ)* दा साहब जिस योजना का उद्घाटन करने आ रहे हैं उसमें न तुम, न तुम्हारी पंचायत—फिर काहे इतनी उछल-कूद कर रहे हो?

जोरावर : योजना ससुरी की ऐसी-की-तैसी—सरोहा में कोई काम बिना जोरावर के हुआ है आज तलक? समझे?

['दा साहब आ गए—दा साहब आ गए' का शोर। काशी अपने लड़कों को साथ लेकर उधर ही बढ़ जाता है। जोरावर और उसके साथी भी जल्दी-से माला लेकर उधर बढ़ते हैं। आगे-आगे डी.आई.जी., फिर दा साहब, लखन और पांडे का प्रवेश। इनको देखते ही।]

काशी के लड़के: न्याय चाहिए, न्याय चाहिए! बिसू की मौत का जवाब चाहिए!

दू. कार्यकर्ता : बिसू की मौत—

सब : जुलुम है।

[डी.आई.जी. लड़कों को एक तरफ़ हटाने की कोशिश करते हैं। जोरावर एक हाथ उठाकर ज़ोर से चिल्लाता है।]

जोरावर : दा साहब जिन्दाबाद...

सब : ज़िन्दाबाद, ज़िन्दाबाद!

[काशी के कार्यकर्ता एक बार फिर नारा लगाते हैं। दा साहब सारे माहौल को सूँघते हैं, चेहरे का भाव बदलता है। जोरावर जल्दी से माला लेकर आगे बढ़ता है। पीछे-पीछे एक-दो लोग भी बढ़ते हैं। दा साहब जोरावर के बढ़े हुए हाथों को एक ओर हटा देते हैं।]

दा साहब : *(पांडे से)* बिसू का घर कहाँ है, पहले वहाँ चलेंगे।

पांडेजी : *(भौचक्के भाव से)* जी साहब?...कार्यक्रम में तो पहले पंचायतघर चलना है, साब!

जोरावर : *(लोगों को हटाकर रास्ता बनाते हुए)* आप पंचायतघर चलो, दा साहब...बिसू का बाप वहीं आ जाएगा। स्वागत का कार्यक्रम तो आपका पंचायतघर में है।

दा साहब : मैं स्वागत करवाने नहीं, संवेदना प्रकट करने आया हूँ।

[काशी के कार्यकर्ता फिर नारा लगाते हैं। डी.आई.जी. चारों तरफ़ देखकर।]

डी.आई.जी. : सर, मेरे ख़याल से उधर जाना...सिक्योरिटी अरेंजमेंट्स...!

दा साहब : सिक्योरिटी अरेंजमेंट्स की क्या ज़रूरत है? अपने ही लोगों के बीच आया हूँ। *(क़दम बढ़ा देते हैं। डी.आई.जी. सबसे आगे, लखन साथ चलता है। जोरावर ग़ुस्से से पांडेजी की ओर देखता है)*

जोरावर : पांडेजी, ई का पिरोगराम बनाए हो?

पांडेजी : *(बेहद परेशान-से)* प्रोग्राम तो तुम्हारे कहे मुताबिक़ ही बनाया था—अब यहाँ आकर दा साहब ने फेर-बदल कर दिया तो...!

जोरावर : वया फेर-बदल कर दिया, यार...!

[पांडेजी जल्दी से दा साहब के पीछे चले जाते हैं। जोरावर भन्नाता हुआ जहाँ-का-तहाँ खड़ा रह जाता है। उसके साथ के सब लोग दो साहब के पीछे-पीछे चले जाते हैं। काशी अपने कार्यकर्ताओं को कहता है।]

काशी : तुम अब मंच के पास पहुँचो सीधे!

[थोड़ी दूर तक दा साहब के पीछे-पीछे जाता है। मंच के जिस ओर से काशी लड़कों को लेकर आया था, उधर से ही गाँव के एक-दो आदमी हीरा को लेकर आते हैं। वह काँपता, थरथराता हाथ जोड़कर दा साहब के पास आकर खड़ा हो जाता है।]

दा साहब : बिसू का सुना, बहुत अफ़सोस हुआ। *(हीरा सुबकने लगता है,*

धोती की कोर से आँसू पोंछता है। उसकी पीठ पर हाथ रखकर) धीरज से काम लो हीरा, हौसला रखो।...सुना, आगजनी में बरबाद हुए परिवारों के लिए बहुत दुखी था बिसू—हम सभी हैं। लेकिन जो हुआ उसे अनहुआ तो नहीं किया जा सकता। अब तो बिसू के अधूरे काम को हमें पूरा करना है। *(विराम)* आगजनी में जिन लोगों का नुक़सान हुआ, उन्हें पाँच-पाँच हज़ार रुपये की मदद करने का फ़ैसला किया है सरकार ने। यह रुपया तुम अपने हाथों से दोगे, आज ही। इस योजना का उद्घाटन भी तुम्हीं करोगे।... बिसू की आत्मा को शान्ति मिलेगी इससे, चलो...!

[भीड़ 'दा साहब ज़िन्दाबाद' के नारे लगाने लगती है। पांडेजी बेहद परेशान, क्योंकि कार्यक्रम में यह सब था ही नहीं। दा साहब हीरा की पीठ पर हाथ रखे उसे लेकर चल पड़ते हैं। सब लोग पीछे-पीछे चले जाते हैं। प्रकाश धीरे-धीरे काशी पर—चेहरे पर ऐसा भाव, मानो इस सारी स्थिति से दिमाग़ में कोई नई बात कौंधी हो। वह पंचायतघर की तरफ़ बढ़ता है। सजे-सजाए पंचायतघर के बाहर जोरावर अकेला बैठा है—दुखी, क्रुद्ध। दा साहब को पहनाने वाली माला उसने ग़ुस्से में फेंक दी है।]

काशी : ये क्या, दा साहब तो उधर मंच पर पहुँच गए और दा साहब का खास आदमी यहाँ बैठा है, अकेला! *(ज़मीन पर पड़ी माला को उठाता है, पोंछता है, फिर ख़ुद अपने गले में डालते हुए)* चलो आज हमहूँ पहन लेत हैं माला, और का!

जोरावर : ठिठोली न करो कासी दादा ई बखत। भेजा बहुत गरम हुई रहा हमार।

काशी : *(हलके-से हँसकर)* साथ रहकर भी तुमने दा साहब को जाना नहीं अभी पूरी तरह। अरे, राजनीति में तो ई सब चलता ही रहता है। *(समझाते हुए)* तुम्हारे और लोग भी तो गए दा साहब के पीछे-पीछे, तुम भी जाओ। मुख्यमंत्री गाँव में आए और असली सरपंच गायब!

जोरावर : हमसे न जाया जाए भगवान के पीछे भी बेइज्जत होकर। *(विराम)* जिसे जरूरत होगी, वो खुदै हमारे पास आएगा।

काशी : सो तो है। जब तुम्हें न देखेंगे वहाँ तो खुदै बुला भेजेंगे।

[एक लड़की दौड़ी-दौड़ी आती है।]

लड़की : दद्दा-दद्दा, दा साहब हीरा को आपन पास मा बिठाए हैं। फोटू-पै-फोटू खिंचाय रही है, तुमऔ चलौ, दद्दा!

काशी : दद्दा के नाहीं बुलाय रहे? *('नाहीं' कहती हुई लड़की उसी जोश में दौड़ जाती है)* लो, मंच पर तो तुम्हारी जगह हीरा को बिठा लिये हैं दा साहब।...माना कि इनको खुस करना जरूरी है, पर ये तो हद्द ही कर दी।

जोरावर : अरे न भी बुलाएँ तो कौन हमारी जात चली जाएगी! लेकिन मलाल तो ये है कि कल से ये हरिजन ससुरे और भी सीना तान के निकलेंगे हमारे सामने से। *(चेहरे पर क्रोध और क्षोभ उभर आता है)*

काशी : देखो, अब हरिजनों को तो खुस करके रखना ही पड़ेगा—उसके बिना गुजारा जो नहीं।...राज नहीं करना है दा साहब को?

जोरावर : हाँ...आज राजा हो गए...लेकिन पिछले चुनाव में हमारे बिना घर के बाहर कदम नहीं रखते थे...जान मारकर काम किये रहे हम इनके चुनाव में। पैसाओ पानी की तरह बहाया हमने!

काशी : तब कुर्सी के नीचे रहे दा साहब...आज कुर्सी के ऊपर हैं... इत्ता तो सोचो।

जोरावर : ठीक है...लेकिन ई चुनाव नहीं जीतना है दा साहेब को? बिना जोरावर के जीत तो लें सरोहा से!

काशी : देखो, दा साहब सोचते हैं कि जोरावर तो अपना ही आदमी है... थोड़ा-बहुत नाराज भी हो गया तो जाएगा कहाँ?...पर हरिजन बिगड़ गए तो...सो अभी तो जैसे भी होगा उन्हें बस में करेंगे और इस चक्कर में अब थोड़ी-बहुत बेइज्जती तो बरदास्त करनी ही पड़ेगी तुमको।

जोरावर : जो हमें मान दे, उसके लिए जान हाजिर है। पर कोई बेइज्जती

करे तो इत्ता जान ले कि जोरावर की नसों में भी पानी नहीं बहता है।

[काशी हँसता है, जोरावर ग़ुस्से से देखता है।]

काशी : क्या कर लोगे? *(गरदन ज़रा-सी आगे करके)* सुकुल बाबू को वोट दोगे?

जोरावर : सुकुल बाबू! अरे, उस आदमी का नाम न लो तुम हमारे सामने। हम अच्छी तरह जानते हैं उसे...हम तो ससुरे का गाँव में घुसना बन्द कर दें...देखा नहीं था उस दिन की मीटिंग में, कैसी सूरत लेकर वापस चला गया था!

काशी : *(समझाने के ढंग से)* देखो जोरावर, सुकुल बाबू लाख बुरे सही, पर तुम्हारी बेइज्जती तो नहीं की उन्होंने कभी और न ही तुम्हारा बुरा चाहा।...*(क्षणिक विराम के बाद)* तुम खुदै सोचो, दा साहब को यदि तुम्हारी इज्जत का जरा भी खयाल होता—तुम्हारा हित चाहते तो तुम्हें ही न खड़ा करते सरोहा से? ऊ दो कौड़ी का लखनवा आज इत्ता सगा हो गया कि चुनाव में खड़ा किया है...सो भी तुम्हारे अपने इलाके से!...अरे तुम्हें खड़ा करते तो किला यूँ ही फतह। सुकुल बाबू की हिम्मतौ न पड़ती यहाँ से चुनाव लड़ने की...आखिर तुम सरोहा के बेताज बादसाह ठहरे।

जोरावर : अपनी बादसाहत की फिकर हम खुदै कर लेंगे, तुम्हारा कलेजा काहे सूखा जा रहा है! अरे कासी दादा, तुम्हारी सारी तिकड़मबाजी हम खूब समझते हैं। ई तो गाँव के नाते का लिहाज है सो...। *(हँसता है, फिर पान की गिलौरी काशी को देता है)*

[वही लड़की फिर दौड़ी-दौड़ी आती है।]

लड़की : दद्दा, दद्दा! भासन मा दा साहिब कहित रहीं कि बिसू के मामला मा सहर से बड़ा अफसर अइहै, फिर से तहकीकात हुइहै।

जोरावर : *(हाथ खींचकर लड़की को वहीं बिठा लेता है)* बइठ जा, टाँग तोड़ दूँगा अब जो उधर गई तो! *(लड़की रुआँसी हो जाती है)*

काशी : गुस्सा उस पर काहे निकाल रहे हो? *(लड़की से)* जा बिटिया, तू जा। जाय के भोंपू पे भासन सुन। *(लड़की सहमी-सी जोरावर को देखती है, फिर भाग जाती है। दोनों कुछ देर तक पीछे से दा साहब की आवाज़ को सुनते हैं)* दा साहब के आदेस से जदि बड़े अफसर आ रहे हैं तहकीकात के लिए, तब तो मामला कुछ ज्यादा ही गड़बड़ है। *(जोरावर से)* कोई झगड़ा किये रहे हो क्या दा साहब से? *(जोरावर चुप, काशी उसके चेहरे पर नज़रें गड़ाकर)* एक बार जदि सुरू किया तो हो सकता है हरिजनों को खुस करने के लिए आगजनी वाला मामला भी फिर खुलवाएँ...वह खुल गया तब तो तुम जरूर ही...।

जोरावर : जो मरजी आए करें...देख लेंगे हम भी।

काशी : क्या देख लोगे? कौनो तुरप-पत्ता है तुम्हारे हाथ में?

जोरावर : *(थोड़ी देर सोचता है, फिर जैसे एकाएक कोई तरकीब सूझ गई हो। हँसता है)* हमारे लोग वोट ही नहीं देंगे किसी को, *(अँगूठा दिखाकर)* करवा लो चुनाव!

काशी : *(माथा ठोककर)* हे भगवान! तुम्हारी ये मूढ़ बुद्धि ही ले डूबेगी तुम्हें। तुमने हाथ खींच लिया तो सुकुल बाबू की जीत तो पक्की। तुम्हीं तो असली ताकत हो दा साहब की। *(क्षणिक विराम)* फरज करो, न भी जीते तो लखन का रुख तुम देख ही लिये हो...सुकुल बाबू से बहुत बेहतर नहीं है उसका आना तुम्हारे लिए—खास करके दा साहब ने जब आँख फेर ली हो। सुकुल बाबू के आदमी होने के नाते तो हम यही कहेंगे कि तुम हाथ खींच लो।...पर नहीं, गाँव के नाते तुमौ हमारे भाई। सलाह खरी देंगे और तुम्हारे हित की देंगे। *(जोरावर देखता रहता है, मानो काशी का अभिप्राय समझने की कोशिश कर रहा हो। काशी थोड़ा पास सरककर)* सुनो जोरावर, इस चुनाव में पचास-साठ प्रतिसत से ज्यादा वोट तो पड़ने नहीं, लेकिन तुम्हारे पैंतीस प्रतिसत एकदम पक्के...एक नहीं टूटता इनमें से। *(फ़ैसला सुनाते हुए)* बस तुम खुदै खड़े हो जाओ चुनाव में...यही एक रास्ता है बचाव का।

जोरावर : अरे छोड़ो कासी दादा—ई राजनीति-वाजनीति हमारे बस का रोग नहीं...।

काशी : चुनाव जीतकर आ गए न तो ये ही दा साहब अँगूठे के नीचे रहेंगे—पहले की तरह फिर आगे-पीछे घूमेंगे तुम्हारे, मंत्रिमंडल की भीतरी हालत हमसे पूछो—अब गया! तब गया! एक-एक विधायक कीमती हो रहा है इनके लिए। चिरौरी करते फिरते हैं।

जोरावर : पर कासी दादा...!

[जोरावर इस तरह देखता है मानो बात समझ में आ रही हो उसके, फिर भी हलकी-सी दुविधा।]

काशी : हम तो कहत हैं इस मौके से मत चूको। बादसाहत करनी है अब, तो राजनीति में आकर ही की जा सकती है।

जोरावर : पर कासी दादा, चुनाव ससुरे के सत्तर परपंच...!

काशी : हम पर छोड़ो न...आखिर हम तुम्हारे किस दिन काम आएँगे भला *(थोड़ा और पास जाकर फुसफुसाते हुए)* और देखो, ये बात अभी हम दोनों के बीच ही रहे। जो दा साहब जान गए तो तुम्हारी खैर नहीं और जदि सुकुल बाबू जान गए तो हम मारे जाएँगे...जाओ, अब मीटिंग में बैठो जाकर...!

[दूर से नारों की आवाज़ आती है—'दा साहब ज़िन्दाबाद ...बिसू ज़िन्दाबाद!']

: लो, दा साहब की मीटिंग तो खतम हो गई लगती है। अब तुम तुरन्त दा साहब के पास जाओ और ऊपर से दिखाओ जैसे तुम उनके ही आदमी हो—परम सेवक! पर भीतर-ही-भीतर जड़ काट दो बुढ़ऊ की।

जोरावर : *(प्रसन्न होकर)* अरे कासी दादा, तुम तो बिलकुल...।

काशी : जोरावर के ही आदमी निकले! *(दोनों ठहाका लगाते हैं)*

[तभी पीछे से भीड़ से घिरे हुए दा साहब आते हैं। पत्रकार नरोत्तम और महेश भी कुछ बातें करते हुए साथ-साथ

आ रहे हैं। काशी चुपचाप एक ओर सरक जाता है और जोरावर बड़ी तत्परता से आगे बढ़कर हाथ जोड़कर दा साहब के सामने खड़ा हो जाता है। दा साहब भी हाथ जोड़ देते हैं। भाषण समाप्त हो जाने पर पीछे मंच पर देशभक्ति का एक रिकॉर्ड चढ़ा दिया जाता है...उसी की आवाज़ आ रही है। सभी पात्र स्थिर हो जाते हैं... सिर्फ़ गाने की आवाज़ गूँजती रहती है। कुछ क्षणों के बाद महेश सूत्रधार के रूप में आगे आता है। गाने की आवाज़ एकदम हलकी हो जाती है।]

सूत्रधार : तालियाँ बजीं, हर्षध्वनि हुई और 'दा साहब ज़िन्दाबाद' के नारों से सारा माहौल गूँज उठा। बिसू की मौत के जिस प्रसंग को सुकुल बाबू गाँव के घर-घर में फैला गए थे, वह फिर दो-चार घरों में सिमट गया और बाक़ी घरों में घरेलू योजना के तहत मिलने वाले रुपयों का हिसाब-किताब होने लगा!... तीसरे ही दिन 'मशाल' का नया अंक निकला। प्रथम पृष्ठ पर ही अधिकारी को चैक देते हुए हीरा की बड़ी-सी तसवीर छपी थी, साथ में दा साहब खड़े थे। बड़े-बड़े अक्षरों में शीर्ष-पंक्ति थी—खेत-मज़दूरों और हरिजनों की आर्थिक स्थिति सुधारने की दिशा में दा साहब का ठोस और क्रान्तिकारी क़दम...यानी कि बिसू की मौत ने 'मशाल' को प्रजातंत्र की ज़िम्मेदारियों से लैस करके एकाएक महत्त्वपूर्ण अख़बार बना दिया और दत्ता बाबू को एक ज़िम्मेदार सम्पादक।...पांडेजी ने गाँव के घर-घर में इस अंक की प्रतियाँ बँटवा दीं—मुफ़्त!

[अन्धकार]

दृश्य : आठ

[गाँव का थाना। मेज़-कुर्सी की झाड़-पोंछ हो रही है। थानेदार चौकीदार को आदेश देता जा रहा है। थाने के बाहर मैदान में काफ़ी लोग जमा हैं। एक ओर महेश अकेला बैठा है। थोड़ी दूर पर कुछ गुंडा क़िस्म के लड़कों का एक दल बैठा है। दूसरी ओर हीरा को घेरकर कुछ लोग बैठे हैं।]

आदमी 1 : अरे, अख़बार मा तो हीरा काका का फोटू निकली है।

आदमी 2 : हमहू तो तनी देखी। *(लोग अख़बार पर टूट पड़ते हैं)* अरे, हमहू...!

आदमी 1 : वाह! पगड़ी कैसी झुग्गादार, तनी डंडा तो देखो...!

आदमी 3 : दा साहब पीठ पर हाथ धरि है...हीरा बड़ा भागवान।

[थानेदार आकर सबको घूरता है, फिर कड़ककर।]

थानेदार : काहे आए हो इत्ते लोग? हियाँ कोई नौटंकी का तमासा होये वाला है का?

[सब सहम जाते हैं।]

गाँववाले : हियाँ दूर बइठे रहेंगे, सरकार...बैठन दो।

थानेदार : सुन लो। जइसे ही एस.पी. साहब की जीप अहाते मा घुसे बतकही एकदम बन्द। जिहि का बयान होवे को है, वही भीतर आए, एकदम इकल्ला—समझे? जो गड़बड़ की है न, खाल

खींचकर भुस भरवा दूँगा सब ससुरन के।

[ज़ोर से डंडा हवा में मारता है। जोगेसर थर-थर काँप रहा है...कुछ कहने की कोशिश करता है, पर केवल हकलाकर रह जाता है। थानेदार वहाँ से डंडा घुमाता हुआ वापस कमरे की ओर जाता है, बीच में लठैत से।]

थानेदार : तुम बाहिर का सम्भारि के रखो...भीतर का हम देखि लेइहैं।

लठैत : फिकिर न करो।

थानेदार : ज़रूरत हुई तो...*(हाथ से कुछ इशारा करता है—दोनों मुस्कराते हैं)*

[एकाएक जीप की आवाज़ आती है। जल्दी से आगे बढ़कर थानेदार अटेंशन की मुद्रा में खड़ा हो जाता है। सक्सेना एक कांस्टेबल के साथ भीतर आता है। थानेदार सेल्यूट मारता है। सक्सेना चारों ओर नज़र घुमाता है, वातावरण को सूँघता है, दूर बैठे लोगों की ओर देखकर।]

सक्सेना : क्या इतने लोगों के बयान होने हैं?

थानेदार : नहीं सर, बयान तो केवल चार के ही होने हैं। गाँव के लोग हैं न, सर...सख़्ती करने की मनाही थी वरना तो...!

सक्सेना : ठीक है।

[भीतर जाता है, कुर्सी पर बैठकर फ़ाइल खोलता है... पढ़ता है। थानेदार अटेंशन की मुद्रा में खड़ा रहता है। चौकीदार दरवाज़े के बाहर खड़ा हो जाता है।]

थानेदार : *(झुककर अदब के साथ)* पहले थोड़ी चाय-वाय हो जाए, सर!

सक्सेना : इस समय? यह तो काम का समय है। *(रुककर)* जिन लोगों के बयान होने हैं, वे आ गए?

थानेदार : और तो सब आ गए सर, पर वो बिन्दा है न...दो बार आदमी भेजा लेकिन...।

सक्सेना : बिन्दा?

थानेदार : गाँव का बिलकुल छँटा हुआ, सर...*(ज़रा रहस्यात्मक ढंग से)* बहुत ख़तरनाक! वैसे मेरे रहते आपको डरने की ज़रूरत नहीं, सर!

[सक्सेना चुप, जैसे कुछ सोच रहे हों।]

: आप कहें तो मुश्कें बँधवाकर...?

सक्सेना : नहीं। *(थानेदार कट जाता है, सक्सेना अपने साथ आए कांस्टेबल से)* मोहनसिंह, तुम जाओ। कहना कि मैंने बुलाया है...और देखो, बहुत अदब से कहना। *(थानेदार से)* इसके साथ किसी आदमी को भेज दो।

[थानेदार बाहर जाकर एक आदमी को साथ कर देता है...जब वे चले जाते हैं तो लौटकर दरवाज़े पर बैठे चौकीदार से।]

थानेदार : चुग़द...स्साला! गवाह को अदब से बुलवा रहा है...पालकी भेज दे! *(भीतर आता है)*

सक्सेना : जोगेसर साहू को बुलवाओ।

[थानेदार चौकीदार से कहता है, चौकीदार आवाज़ लगाता हुआ दौड़ता है।]

चौकीदार : जोगेसर साहू हाज़िर है...!

[जोगेसर थरथराता हुआ भीतर आता है। काँपते हुए हाथों से नमस्कार करता है। सक्सेना ऊपर से नीचे तक उसका मुआयना करता है।]

सक्सेना : *(फ़ाइल में से पढ़ते हुए)* नाम जोगेसर साहू, पिता का नाम भोलेसर साहू...पेशा किराने की दुकान। हूँऽऽ। *(नज़र जोगेसर के चेहरे पर गड़ाकर)* बिसेसर की लाश आपने किस समय देखी?

जोगेसर : जी, यही कोई भोर साढ़े चार-पाँच का समय रहा होई, सरकार!

सक्सेना : उस समय आप क्या करने गए थे उधर?

जोगेसर : जी, ऊ तनिक सुनसान रस्ता है सो दिसा-फरागत के लिए उधर ही जाइत हैं, सरकार!

सक्सेना : आपको दूर से कैसे पता लग गया कि पुलिया पर लेटा आदमी मरा हुआ है?

जोगेसर : नाहीं, बिलकुल पता नाहीं लगा, साहब! हम तो सोचा, जौ ई आदमी ने करवट ली तो गिरि पड़िहै नीचे नाला मा। जाकर चेताय दें। जगावे के लिए छुआ तो अरे...ई तो बिसू...मरा हुआ!

सक्सेना : हूँऽऽ...! *(क़लम चल रही है)* लाश को देखने के बाद आपने क्या किया?

जोगेसर : हम तो एकदम डराय गए, सरकार! उलटे पैर लौट के ऊके बाप को खबर दीन। बेकार मा अपने को फँसावा। चुप्पई आगे चले जाइत। मुला डर के मारे ससुरी हाजतो खतम...। *(वाक्य अधूरा छोड़ देता है)*

सक्सेना : बिसू किस तरह का लड़का था?

जोगेसर : अरे एकदम सिरफिरा, साहेब! सारे गाँव के लिए बलाय था ससुरा...!

[सक्सेना को डी.आई.जी. के शब्द याद आते हैं—दोहराते हैं।]

सक्सेना : ...बलाय...हूँ।...सिरफिरे से मतलब? पागल था? *(नज़रें जोगेसर के चेहरे पर गड़ा देता है)*

जोगेसर : *(हकबकाकर)* जी पागल तो...। *(एकाएक थानेदार से नज़रें मिलती हैं तो चुप)*

सक्सेना : बोलो-बोलो, पागल था?

[थानेदार नज़रों से ही बढ़ावा देता है।]

जोगेसर : *(एकदम लहजा बदलकर)* अउर का, पागलै तो रहा, सरकार! आप सोचो, जेहिका दिमाग ठीक होएगा, ऊ कुछ धन्धा-रोजगार नाहीं करेगा!

सक्सेना : *(जैसे कुछ सोच में पड़ गए हों...नज़र चेहरे पर टिकी हुई है)* अच्छा, यह बताओ, गाँव में किसी से दुश्मनी थी उसकी?

जोगेसर : आधा गाँव ही तो दुसमन बना रखा था ससुरे ने। *(एकाएक थानेदार पर नज़र पड़ती है। तुरन्त लहजा बदलकर)* नाहीं साहब, दुसमनी नाहीं थी किसी से।

सक्सेना : *(डपटकर)* नहीं थी दुश्मनी?

जोगेसर : *(एकदम सिटपिटा जाता है)* अब का बताएँ, सरकार...*(फिर नज़र थानेदार की तरफ़ उठती है। वह आँखों से ही घुड़कता है। सक्सेना भी देख रहा है)* हम कहा न साहब, ऊ के बारे मा कछु नाहीं मालूम।

थानेदार : हाँ साब, उस पागल से सब दूर रहते थे...।

सक्सेना : *(घूरकर देखता है। थानेदार सिटपिटाकर चुप हो जाता है)* तो आपकी जानकारी में उसकी किसी से दुश्मनी नहीं थी?

जोगेसर : हाँ साहेब, हम तो दूसरन के मामला मा पड़बे नाहीं करें। हम तो कहत हैं साहेब, सब अपने-अपने धन्धन मा लगे रहो... अपनी-अपनी सुलटो। का पागल कुत्ते ने काटा है जो दूसरे की बात मा टाँग...!

[सक्सेना डंडे के इशारे से चुप कराता है। एक बार ऊपर से नीचे तक देखता है।]

सक्सेना : अच्छा, अब आप जा सकते हैं।

जोगेसर : हम आपसे फिर कहत हैं, सरकार, ई मामले मा हमार कउनौ लेन-देन नाहीं। आप तो माई-बाप हैं हमरे, आपसे झूठ न बोलेंगे। हम एकदम बेकसूर...।

[सक्सेना का इशारा पाकर थानेदार जोगेसर को बाँह पकड़कर बाहर करता है। वह थरथराता हुआ बाहर जाता है। सक्सेना कुछ लिखने लगता है। थानेदार दरवाज़े पर बैठे चौकीदार से।]

थानेदार : सउरा, बोलन नाहीं देत हमको...अरे हमौ थानेदार हैं!

[जोगेसर के निकलते ही बाहर की भीड़ उसे घेर लेती है।]

आदमी 1 : अरे साहू, का पूछिस रही?

आदमी 2 : हड़काइस तो नाहीं?

जोगेसर : *(अभी भी थरथरा रहा है)* नाहीं। अब जब ई मामिले से हमार कउनौ मतलबै नाहीं, तो फिर हमसे जादा का पूछिहैं!

सक्सेना : *(थानेदार के लौट आने पर)* महेश शर्मा को बुलाओ। *(थानेदार चौकीदार को हुक्म दे देता है)* सुनो, कैसा आदमी है ये?

थानेदार : एकदम गऊ, सर! बड़ा भला और ज़िम्मेदार। आप इसकी बात का भरोसा कर सकते हैं।

सक्सेना : हूँऽऽ...!

[महेश शर्मा आता है। ऊपर से नीचे तक मुआयना करता है।]

सक्सेना : आप यहाँ के तो नहीं मालूम पड़ते, मिस्टर शर्मा?

महेश : जी नहीं, मैं दिल्ली से आया हूँ अपने रिसर्च प्रोजेक्ट के सिलसिले में—गाँव में क्लास-स्ट्रगल और कास्ट-स्ट्रगल...

सक्सेना : वेरी इन्टरेस्टिंग सब्जेक्ट। कब से हैं आप यहाँ? बैठिए!

महेश : कोई डेढ़ महीना हुआ।

सक्सेना : हूँऽऽ! सुनते हैं, बिसू आपके पास रोज़ आया करता था?

महेश : रोज़ तो नहीं, पर अकसर आया करता था।

सक्सेना : किस तरह की बातें किया करता था वह आपसे?

महेश : बातें?

[महेश थोड़ा असमंजस में पड़ जाता है, जैसे समझ ही नहीं आ रहा हो कि क्या कहे।]

सक्सेना : हाँ-हाँ, बोलिए!

महेश : वह बहुत सेंसेटिव था सर, एक्स्ट्रा सेंसेटिव, बहुत परेशान रहता था वह।

सक्सेना : क्या थी उसकी परेशानी?...समथिंग पर्सनल?

महेश : पर्सनल? *(इस भाव से मानो इस शब्द का अर्थ ही न समझता हो)*

सक्सेना : हाँ-हाँ...वह एक्स्ट्रा सेंसेटिव था, बेकार था, जवान था...हो सकता है, कभी किसी लड़की...?

महेश : *(बात काटकर)* अरे नहीं...नहीं सर, एकदम नहीं। *(दृढ़ता के साथ)* इस तरह का लड़का वह था ही नहीं।

सक्सेना : *(मुस्कराकर)* क्यों, लड़कियों से प्रेम करने वाले लड़के किसी ख़ास तरह के होते हैं? *(थानेदार भी हें-हें करके हँसता है)*

महेश : *(एकदम तैश में)* कैसी बात करते हैं आप...!

सक्सेना : तब फिर क्या थी उसकी परेशानी?

महेश : *(कुछ देर सोचने के बाद)* वैसे तो वह इस पूरे सेट-अप को लेकर ही परेशान रहता था। लेकिन पिछले महीने आगजनी की जो घटना घटी उसको लेकर कहता था कि पूरा का पूरा मामला जान-बूझकर दबा दिया गया है। झूठी तसल्ली देने के लिए बेचारे कांस्टेबल को सस्पेंड कर दिया, पर असली मुजरिम के ख़िलाफ़ कुछ नहीं हुआ। इस बात ने तो उसे बिलकुल बौखला दिया था। ही वाज़ नॉट इन हिज़ प्रॉपर सेंसेज़।

सक्सेना : ओह, आइ सी! *(इस वाक्य को जैसे दिमाग़ में बिठा लिया हो)*

महेश : बड़े आवेश में आकर वह मुझसे कहता था—यह थोड़े-से आदमियों के मारने-भर की ही बात नहीं है, महेश बाबू। समझ लीजिए कि पूरी की पूरी बस्ती का हौसला ही मर गया। आठ महीनों तक रात-दिन समझा-समझाकर इन हरिजनों को इस लायक़ बनाया था मैंने कि छाती ठोककर अपना हक़ माँग सकें...अब बहुत दिनों तक...।

सक्सेना : *(बात बीच में काटकर)* लड़का नक्सली था?

महेश : नहीं। नक्सलियों को तो क्रिटिसाइज़ करता था।

सक्सेना : क्यों मज़दूरों को भड़काना-लड़ाना, नक्सली भी तो यही सब करते हैं!

महेश : *(हलके-से तैश के साथ)* भड़काता नहीं था सर, उन्हें

केवल अवेयर करता था अपने अधिकारों के लिए।...इसी बात को लेकर।

सक्सेना : लेकिन आपने कभी समझाया नहीं कि यह कोई एक-दो लोगों के करने का काम नहीं?

महेश : नहीं, सर!

सक्सेना : क्यों? आपका तो विषय है क्लास-स्ट्रगल।

महेश : *(व्यंग्य से)* बिलकुल। लेकिन हमें परमिशन नहीं है सर,कि हम गाँव की समस्याओं और लोगों के साथ इनवॉल्व हों। फ़ेलोशिप की पहली शर्त होती है यह। *(ग़ुस्से से)* यह सारी-की-सारी एजुकेशन अज्ञान में रखना चाहती है हमको...नहीं चाहती कि हम अपने आसपास की असलियत को जानें, उससे जुड़ें। फ़ॉर्म में भरकर देना होता है हमको कि हम सिर्फ़ देखेंगे... तटस्थ होकर। जो कुछ ग़लत है, उस पर रिएक्ट नहीं करेंगे... खून नहीं खौलने देंगे अपना।...आप ही बताइए, क्या मतलब है ऐसी एजुकेशन का?

सक्सेना : *(हाथ से रोकते हुए)* देखिए मिस्टर शर्मा, मैं यहाँ भाषण सुनना नहीं चाहता। मेरी बातों का सीधा जवाब दीजिए।

थानेदार : अदब से बात करो बड़े साहब से...चार किताबें क्या पढ़ लीं...?

महेश : *(उसी आवेश में)* आप नहीं चाहते...कोई नहीं चाहता कि असली मुद्दों पर बात की जाए, लगता है जैसे एक बहुत बड़ा षड्यंत्र है। *(आवेश में आकर)* सब कतराते हैं। मैं पूछता हूँ क्यों...?

सक्सेना : *(सख़्ती के साथ)* विल यू प्लीज़ स्टॉप दिस नॉनसेंस?

महेश : *(कुछ देर सक्सेना को घूरता रहता है, फिर अपने को संयत करके ठंडी आवाज़ में)* पूछिए, क्या पूछना है आपको?

सक्सेना : क्या आपकी राय में बिसू बहुत नर्वस, टेम्परामेंटल या इरेटिक क़िस्म का लड़का था? *(महेश चुप)* मिस्टर शर्मा, बताइए, किस तरह का लड़का था बिसू?

महेश : बहुत मुश्किल है, सर...नहीं बता पाऊँगा।

सक्सेना : *(ग़ुस्से से)* व्हाट? आप थीसिस लिखकर देंगे और साथ उठने-बैठने वाले लड़के के बारे में दो लाइन नहीं कह सकते? *(नज़रें*

महेश के चेहरे पर गड़ाकर) आपके इस रवैये का कोई ख़ास अर्थ लगाया जाए तो? यू नो, व्हाट आई मीन?

महेश : *(आवेश के साथ)* दो लाइन में? एक लड़के की पूरी ज़िन्दगी को...उसके सारे संघर्ष को, उसकी हत्या को आप कुल दो लाइन में समझना चाहते हैं? और कोई बता भी दे तो समझ सकेंगे...कर सकेंगे महसूस कि क्या थी उसकी परेशानी...उसकी तकलीफ़?

सक्सेना : मिस्टर महेश...बन्द कीजिए यह बकवास! मुझे अपनी बातों का सीधा जवाब चाहिए।

महेश : *(उसी रौ में)* इतने सीधे और बने-बनाए जवाब तो आपको सिर्फ़ किताबों में मिल सकते हैं और कितनी झूठी होती है किताबों की दुनिया...फ़ार्स! हमें गाँव की ज़िन्दगी के बारे में कुछ बने-बनाए नतीजे निकालकर थमा दिये...हम उन्हीं से सिर फोड़ते रहे हैं...समझते रहे कि हम गाँव जान रहे हैं, हमने गाँव जान लिया! लेकिन गाँव की असलियत...बिना पूरी तरह जुड़े कोई जान सकता है गाँव की असलियत?

सक्सेना : *(ग़ुस्से से चिल्लाकर)* आइ से, स्टॉप दिस!

महेश : *(बिना कुछ सुने अपनी ही रौ में)* मान लीजिए आपको नतीजा पहले ही थमा दिया जाए और आप उसी को ध्यान में रखकर गवाहियाँ जुटाएँ...बयान पर बयान लिये जाएँ, किसी को सज़ा भी दे दें और एक दिन अचानक पाएँ कि असलियत तो कुछ और ही है...बिलकुल दूसरी! कैसा लगेगा आपको? हिल नहीं जाएँगे भीतर तक?

सक्सेना : *(सख़्ती के साथ)* मिस्टर महेश, मैंने आपको अपने सवालों के जवाब देने के लिए बुलाया है, आपके बेसिर-पैर के सवाल सुनने के लिए नहीं! *(ग़ुस्से से चेहरा तमतमा जाता है)*

महेश : लेकिन इस तरह के हादसे इन्हीं सवालों से जुड़े हुए हैं और इन सवालों को सुलझाए बिना आप किसी सही नतीजे पर पहुँच ही नहीं सकते!

सक्सेना : विल यू प्लीज़ गेट आउट!

थानेदार : *(हाथ पकड़कर धकियाते हुए)* चलो, निकलो यहाँ से!

महेश : *(जाते-जाते)* लेकिन सर, मुझे बहुत कुछ बताना है, इस केस के सिलसिले में ही बताना है...आपको सुनना होगा...।

[थानेदार धकेलता हुआ बाहर ले जाता है...महेश के जाने के बाद चौकीदार से।]

थानेदार : कड़क है...कड़क है। साले उस सहरिए की तो छुट्टी कर दी। भेजा गरम हुई गवा सरऊ का...कहीं इधर न फैर करने लगे।

[भीतर जाता है।]

: सर, अब थोड़ा रेस्ट हो जाए, एक राउंड ठंडे का या चाय का?

सक्सेना : ठीक है, ले आओ।

थानेदार : यस सर! *(बाहर जाकर, चौकीदार से)* चाय ला फटाफट!

[चौकीदार लपककर चाय की ट्रे जमाता है। महेश के निकलने पर गाँव वाले उसे घेरते हैं, पर वह दनदनाता हुआ निकल जाता है।]

आदमी 1 : का हुई गवा? ई तो पढ़ा-लिखा रहा तबै...।

आदमी 2 : का जानी! कछु बोलिबे नाहीं रहे।

[थानेदार चाय और खाने का सामान लेकर भीतर आता है। बड़े अदब से पेश करता है। सक्सेना गहरे सोच में डूबे हुए हैं, मानो महेश की बातों ने उन्हें कहीं परेशान कर दिया हो। सक्सेना सिगरेट-केस निकालते हैं, फिर थानेदार की ओर बढ़ाते हैं। थानेदार बड़ी ललचाई नज़रों से देखता रहता है। फिर अपने पर क़ाबू पाकर।]

थानेदार : नहीं सर, बस आप ही पीजिए।

सक्सेना : क्या बात है, सिगरेट नहीं पीते? *(खट से सिगरेट-केस बन्द करके जेब में)* अच्छा, चाय तो लो अपनी।

थानेदार : जी सर, *(सकुचाते हुए चाय लेता है। फिर हिम्मत करके)* देखिए

सर, पिछली बार के सारे बयान मैंने ही लिये थे...बहुत साफ़ है सारा केस, आपको इतना परेशान...।

सक्सेना : *(बात अनसुनी करके)* गरम कुछ ज़्यादा ही है यह जगह।

थानेदार : *(कट जाता है। उखड़े स्वर में)* जी सर, पेड़-पौधे तो हैं नहीं आस-पास, बस लू के सपाटे चलते रहते हैं। *(सक्सेना चुप। थोड़ी देर बाद थानेदार हिम्मत करके)* यह बिसू बिलकुल बेकार लड़का था, सर...।

सक्सेना : *(घड़ी देखकर)* काम शुरू किया जाए!

थानेदार : यह क्या सर, आपने तो कुछ खाया ही नहीं? सरपंच साहब ने...।

सक्सेना : *(फ़ाइल में देखते हुए)* हीरा को बुलाओ।

[थानेदार ट्रे उठाकर बाहर जाता है। चौकीदार से!]

थानेदार : ई ससुरा तो पुट्ठन पै हाथ ही न धरन देत। सारे गाँव में बेइज़्ज़ती करा रहा है मेरी...ये तो दो दिन में चलता बनेगा, थानेदारी तो मुझे करनी पड़ेगी इनके सिर पे। हीरा को बुला।

चौकीदार : हीरा हाज़िर है...!

[हीरा उठता है, सब उसे घेर लेते हैं।]

आदमी 1 : हीरा दादा, डेरायो ना...जौन पूछें सब बताय दियो।

आदमी 2 : हम सब तुम्हारे साथ हैं, और फिर साँच के आँच का!

आदमी 3 : हाँ भइया, बिसू तो ना मिली, मुला नियाव तो मिलवे का चाही। दा साहब तो कहित है कि तुम्हार सब तरह से मदत करि हैं, फिर काहे का डर?

आदमी 2 : कहो तो हमहूँ साथ चली?

[तीन-चार लोग थोड़ी दूर तक हीरा के साथ-साथ चलते हैं। बीच में लठैत उन्हें फटकार देता है। हीरा अकेला लाठी टेकता हुआ अन्दर आता है।]

थानेदार : हीरा...सर!

सक्सेना : *(कुछ देर तक हीरा का चेहरा देखने के बाद बहुत कोमल स्वर में)* बैठ जाओ बाबा, आप बैठकर ही बयान दो। *(थानेदार से)* स्टूल लाओ।

[थानेदार स्टूल लाता है, हीरा उस पर बैठ जाता है।]

सक्सेना : देखो बाबा, जो कुछ पूछा जाए सच-सच कहना। डरने की कोई बात नहीं।

हीरा : अब झूठ बोलिके का हुई, सरकार? हमार बिसुआ तो चला गवा...*(गला भर्रा जाता है)*

सक्सेना : बिसेसर की उम्र क्या थी?

हीरा : एक बीसी और आठ बरस। भादों का ही तो जनम रहा, सरकार!

सक्सेना : कुछ पढ़ा हुआ था?

हीरा : बहुतै पढ़े रहा, सरकार! चौदह किलास पास। सहर भेजिके पढ़ावा रहा। *(एक क्षण रुककर)* बिसू के बारे मा जाने कउन-कउन सपनाओ देखे रहा...बड़ा आदमी बनि है...कुर्सी पर बइठ कै काम करिहैं...पर...*(गला रुँध जाता है)*

सक्सेना : काम क्या करता था?

थानेदार : *(ज़रा-सा झुककर सक्सेना से)* नक्सली था सर...गुंडागर्दी करने वाला...।

हीरा : नाहीं साहब, पहिले तो हियाँ हरिजन टोला मा अपना इसकूल खोले रहा। लरकन, बड़न सबका पढ़ावा रहा...बहुतै सौक रहा पढ़ावे का...पर बाद मा तो सब छुटिगा।

सक्सेना : क्यों?

हीरा : जेहल चला गवा रहे ना...चार साल मा सब मटियामेट। लौटे के बाद फिर पहिले जस इसकूल जमबे नहीं भा।

सक्सेना : लेकिन जेल क्यों गया?

हीरा : सो तो आपौ जानो, सरकार! आपौ लोग ही तो पकरिके ले गए रहे।

सक्सेना : अरे भई, कुछ तो किया होगा। तभी तो उसे सज़ा हुई।

हीरा : नाही, सजा तो कउनो भई नहीं, सरकार! कउनो मुकदमाओ

नाही चला। बस एक दिन भिनसारे आए अउर बाँधिके ले गए। दुइ महीना तक तो सरकार, हमका पतो ही नाहीं लगा कि कहाँ है हमार बिसुआ। बहुत छटपटायेन हम...पर कउन पूछत है हम गरीबन का दुख-दरद...कीड़ा-मकोड़न जस हमारी जिनगानी। *(गला भर्रा जाता है। धोती की कोर से आँसू पोंछता है)* सब कोई हमका धकियाय देत रहा...।

थानेदार : जित्ती बात पूछी जाए उत्ती ही बोलो! जियादह बकवास...।

[थानेदार को सक्सेना डंडे के इशारे से चुप करता है। थानेदार कटकर रह जाता है।]

सक्सेना : जेल से छूटने के बाद क्या करता था बिसू?

हीरा : का करता, सरकार? बस बहुत बेचैन रहत रहा...जाने कउन दुख लागि गवा रहे। हमको तो लगते नाही रहा कि ई हमार वही बिसुआ है...बड़ी चुस्ती-फुरती रही वाहिका सरीर मा... मुला सब निचुड़ि गई।

सक्सेना : *(लिखते हुए)*...इसका मतलब, कुछ कमाता-धमाता नहीं था?

थानेदार : सिर्फ़ अवारागर्दी करता था, सर!

सक्सेना : *(थानेदार से)* आप ज़रा चुप रहेंगे? इन्हें ही बात करने दीजिए। *(थानेदार भन्ना जाता है, पर ऊपर से—'यस सर' कहता है)*

: *(हीरा से)* आप लोग कुछ कहते नहीं थे?

हीरा : का कहत, सरकार? हाँ, महतारी जरूरै लड़ते रही।

[थानेदार जल्दी से बाहर जाता है और चौकीदार से—]

थानेदार : ससुग बयान लेने आया है कि आरती उतारने आया है इनकी! बड़ा परेम फूट रहा है गाँव वालों के लिए मारदचोद के। जब से लगा रखी है—इन्हें घुड़को मत, रोको मत। मैं जरा-सा भी बोलूँ तो सउरा डंडा से अइसा दाग देत है कि जीभ तालू से चिपक के रहि जात। *(ज़रा धीरे से)* लौंडों से नारे लगवाओ।... ज़ोर-ज़ोर से।

[वापस आकर अटेंशन की मुद्रा में खड़ा हो जाता है। चौकीदार गुंडा क़िस्म के लड़कों को इशारे से बुलाता है। इशारा करता है। लड़के थाने के दरवाज़े पर आकर ज़ोर-ज़ोर से नारे लगाने लगते हैं।]

लड़के : यह नाटकबाजी—नहीं चलेगी...नहीं चलेगी! एस.पी. साहब—वापस जाओ...वापस जाओ!

सक्सेना : *(शोर सुनकर भृकुटि चढ़ जाती है)* कैसा है यह शोर?

थानेदार : वो सर चुनाव का मौक़ा है न...विरोधी पार्टी के लोग...। जलूस पर पाबन्दी लगाना मना है न सर, वरना तो मैं...।

सक्सेना : बन्द करवाओ!

थानेदार : *(बड़ी तत्परता से)* आपका हुकुम है तो अभी करवाता हूँ, सर! *(तेज़ी से बाहर आता है और दरवाज़े पर से ही डपटकर बोलता है)* भागो यहाँ से...भैरोंसिंह के थाने पर नारे लगाने की हिम्मत कैसे हुई तुम्हारी! मालूम नहीं, ख़ास कचहरी लगी है आज। हरामियो, एक-एक की ख़ाल खींचकर भुस भर दूँगा! *(उन लोगों को इशारा करके धीरे से कहता है)* थोड़ी देर बाद फिर चालू हो जाना! *(नारों की आवाज़ बन्द। विजेता की मुद्रा से अन्दर आता है)* हटा दिया, सर...ऊपर का हुकुम न हो तो पत्ते की तरह काँपते हैं सर, मुझसे।

सक्सेना : हूँऽऽ! *(जैसे स्थिति को भाँप रहे हों)* अच्छा बाबा, गाँव में उसका दोस्त कौन था?

हीरा : खास दोस्त तो बिन्दे रहा। भइयन मा भी अइसा पिरेम न मिलीहै आपका।

सक्सेना : और यह रुक्मा कौन है?

हीरा : अरे वाहि केर घरवाली, सरकार! एहि गाँव केर लड़की... बिटिया जस। बिसू का इसकूल मा पढ़त रही...बहुत मानत रहा बिसवा...बहुत नेह रहा वाहि पर।

सक्सेना : हूँऽऽ! *(जैसे इसके भीतर की असलियत जानने की कोशिश कर रहे हों)* शादी कब हुई रुक्मा की?

हीरा : याही कउनो तीन बरस।

सक्सेना : हूँ! तो इसका मतलब, बहुत पुरानी दोस्ती नहीं थी बिन्दा और बिसू की...जैसे बचपन की दोस्ती।

हीरा : नाहीं, ऊ तो रुक्मा से रही। बिन्दा तो सहर का रहे वाला। जब रुक्मा का बाप मरिगा तब गाँव आए रहे खेती सम्हारे खातिर... बाप की एकल लड़की तो...।

सक्सेना : हूँऽऽ! अच्छा, बिसू और बिन्दा लड़ते भी थे आपस में?

हीरा : अरे खूब लड़त रहे, सरकार...मार जोर-जोर से लड़त रहे।

सक्सेना : *(चौकन्ना होकर)* किस बात पर?

हीरा : अब हम खुरपा-फरुहा वाले मजूर ठहरे, चौदह किलास पास लोगन की बात समझि सके, सरकार!

सक्सेना : *(चुभती नज़र से देखते हुए)* रुक्मा को लेकर तो कभी झगड़ा नहीं हुआ दोनों में?

हीरा : रुक्मा का लेकर? *(जैसे बात समझा न हो, फिर एकाएक)* अरे हाँ, सो ओ होत रहा। बिन्दा कहत रहा कि रुक्मा का बहुत कानून सिखाई दिहिस है बिसुआ...बड़ी बहस करत है...कउनो बात ही नाही सुनत। *(चेहरे पर वात्सल्य उभर आता है)*

सक्सेना : *(कुछ नोट करने के बाद)* बाबा, डाक्टरी जाँच के मुताबिक़ बिसू के शरीर पर कई ज़ख़्मों के निशान थे। कभी मार-पीट हुई उसकी किसी से?

हीरा : नाही साब, नाही। ऊ निसान तो सरकार, जेहल से जब छूटिके आवा रहा तबै के हैं। जब आवा रहे न साब, तब कलाइ और टखनन पर तो घावै रहे...उनते खून और मवाद आवत रहा। घी अउर हल्दी का फाहा रखि-राखिके बड़ी मुसकिल से घावै ठीक किहिस वाकी महतारी। चार साल तक जेहल मा हथकड़ी-बेड़ी नाहीं खोली गई हमार बिसू के हाथ-पाँव से...सरीर पर बहुते मार लगाई रहि। सारे सरीर पर जखमे-जखम रहे *(गला भर्रा जाता है)* बहुतै मुलायम रही खाल हमार बिसू की साहेब...बहुतै मुलायम। *(घुटनों में सिर देकर फूट-फूटकर रोने लगता है)*

[सक्सेना भीतर से हिल जाता है। उठकर हीरा के पास आकर उसकी पीठ थपथपाकर सान्त्वना देता है।]

सक्सेना : धीरज धरो, बाबा! *(थानेदार से)* पानी लाओ! *(थानेदार पानी पिलाता है)* अच्छा, अब यह बताओ, गाँव में दुश्मनी थी उसकी किसी से? *(हीरा चुप)* डरो नहीं...बोलो...*(प्रश्न के साथ ही थानेदार का सिर थोड़ा आगे को निकल आता है)* देखो बाबा, यह जानना बहुत ज़रूरी है कि गाँव में उसकी दुश्मनी थी या नहीं? *(हीरा चुप। सक्सेना सख़्ती के साथ)* गाँव में उसकी दुश्मनी थी? बताओ!

हीरा : का बताई, सरकार...दुसमनी तो नाहीं, मुदा *(फिर हिचकिचाने लगता है, सक्सेना बढ़ावा देता है)* जोरावर सिंह और मालिक लोग वाहि से बहुतै नाराज रहत रहे।

सक्सेना : क्यों?

हीरा : अब का बताई, सरकार...बस बचपना रहा हमार बिसुआ का। ऊ सरकार, खेत पै काम करे वाले मजूरन से कहत रहा कि इत्ती कम मजूरी पै काम ना करो...मजूरी बढ़ावे का खातिर लड़ो। बेगारौ ना करो...उधार पै इत्ता-इत्ता सूदौ ना देव। येई सब ऊ लोगन का बुरा लगत रहा, सरकार! *(एक क्षण रुककर)* अउर ठीकौ है सरकार, ई सब बातन तो बरसन से चली आवत रहीं...।

सक्सेना : कभी मार-पीट भी हुई उन लोगों से इस बात को लेकर? कभी कोई धमकी-वमकी दी गई इसे कि...?

हीरा : नाहीं सरकार, मार-पीट तो कबौ नाही भई, पर...।

सक्सेना : हाँ-हाँ बोलो, क्या किया?

हीरा : जोरावर...धमकावत रहा कि देख रे बिसुआ...तू हमार मजूरन का हड़काईहै तो फेर जेहल भिजवाय देब। पर मार-पीट तो कबौ नाही भइल, सरकार...!

थानेदार : *(जो इतनी देर से चौकन्ना होकर खड़ा है, इस वाक्य से प्रसन्न-सा हो जाता है)* जी सर, कभी कोई मार-पीट नहीं हुई...उसको

कभी किसी ने हाथ भी नहीं लगाया, सर!

सक्सेना : आप ज़रा चुप रहेंगे? इन्हें ही बोलने दें! *(थानेदार चुप हो जाता है)*

: *(थोड़ा ठहरकर)* आपको क्या लगता है...कैसे मौत हुई बिसू की?

हीरा : *(भर्राए गले से)* हम का बताई, सरकार...पर आपन मौत नाही मरा हमार बिसू। जरूरे कोउ मरवाइस है हमार बचवा का। *(गला रुँध जाता है)*

सक्सेना : किसी पर शक है तुमको?...*(हीरा चुप। सक्सेना बढ़ावा देते हुए)* डरो नहीं, बोलो!

हीरा : हम का बताई, सरकार...पर सारा गाँव...।

सक्सेना : बोलो-बोलो, बताओ।

हीरा : सारा गाँव जोरावर सिंह का नाम लेइ रहा, सरकार!

सक्सेना : तुम्हें भी शक है जोरावर पर?

[थानेदार परेशान-सा बाहर आता है। माथे पर हाथ मारकर।]

थानेदार : अरे ई हरामी तो टेप दिया रहे मालिक का नाम! *(चौकीदार से)* नारे लगवाओ ज़ोर-ज़ोर से। ई हरामी तो सबै उगलवा के रहिबे बुढ़ऊ से। बुड्ढे की हिम्मत देखो...नारे, नारे...ज़ोर-ज़ोर से!

[चौकीदार लड़कों के पास जाता है और थानेदार दौड़कर फिर अन्दर आता है। थोड़ी देर में बाहर से फिर पहले की तरह नारों की आवाज़ आने लगती है, पर इस बार ज़्यादा ज़ोर-ज़ोर से। सक्सेना थानेदार की ओर देखता है।]

थानेदार : *(बहुत परेशानी और मजबूरी से)* क्या बताऊँ सर, वो विरोधी पार्टी के लोग...कुछ सुनते ही नहीं।

[सक्सेना झटके से उठते हैं और बाहर जाकर एक मिनट तक देखते रहते हैं...फिर एकदम दहाड़कर।]

सक्सेना : बन्द करो! *(नारे बन्द हो जाते हैं। जो लड़का लीड कर रहा है उसे हाथ के इशारे से बुलाते हैं)* इधर आओ। *(लड़का जहाँ का तहाँ खड़ा रहता है। गरजकर)* इधर आओ! *(लड़का पास आकर खड़ा हो जाता है)* तुम लीड कर रहे हो? इन सारे लड़कों को लेकर दफ़ा हो जाओ यहाँ से...इसी समय...वरना लीद करने लगोगे यहाँ। समझे? *(मुड़ते ही भुनभुनाहट-सी सुनाई देती है। वापिस पलटकर)* मुँह से एक आवाज़ भी निकली न किसी के तो हंटर से सूड़कर एक-एक को भीतर करवा दूँगा। भागो यहाँ से! *(लड़के लीडर सहित भाग जाते हैं। सक्सेना भीतर जाता है)*

थानेदार : *(चौकीदार से)* बड़ी तोप चीज़ है ससुरी यह तो! मेरे तो पाँव ही काँपने लगे।

[बाहर देखता है तो दूर से बिन्दा आता दिखाई देता है।]

थानेदार : ई का...बिन्दा तो आइ गवा, अब ई हरामी ज़रूरै कुछ उलटा-सीधा बकिहै।

[बिन्दा, मोहनसिंह और रुक्मा आते हैं। थानेदार जल्दी से भीतर आता है। सब लोग बिन्दा के पीछे-पीछे अन्दर आने की कोशिश करते हैं।]

सक्सेना : यह बाहर शोर कैसा हो रहा है?

थानेदार : सर, वो बिन्दा आ गया...! *(दरवाज़े पर ही रुक्मा को रोकते हुए)*

: भीतर अकेले...ई थाना है, कोई सैरगाह नहीं। कोई सउरा भाई लिये चला आ रहा तो कोई लुगाई!

[बिन्दा सुलगती आँखों से देखता है, रुक्मा उससे एकदम सट जाती है और वह आगे बढ़कर सक्सेना के सामने आ जाता है।]

सक्सेना : औरत है तुम्हारी? *(रुक्मा सहमी हुई नज़र से सिर हिलाती है)* आने दो। *(हीरा से)* अच्छा बाबा, अब तुम जाओ। देखो बाबा,

अपनी तरफ़ से हम पूरी कोशिश करेंगे कि मौत के असली कारण का पता लगाएँ।

[बिन्दा एकटक सक्सेना को घूरता रहता है।]

हीरा : बड़ी मेहरबानी सरकार आपकी...*(बिन्दा से)* साहब बड़े नीक मनई, बिन्दा...हमार मदत्ति करीहै...तूओ गुस्से थूक देय!

[हीरा काँपता हुआ-सा जाता है। बिन्दा सहारा देकर दरवाज़े तक ले जाता है, फिर लौटकर खड़ा हो जाता है। दोनों एक-दूसरे को देखते रहते हैं।]

सक्सेना : बिन्दा नाम है तुम्हारा? *(बिन्दा चुप। सक्सेना फ़ाइल देखकर)* बिन्देश्वरी प्रसाद!

थानेदार : पूछिए सर इससे कि...।

सक्सेना : *(थानेदार को घूरकर ऐसे देखता है कि वाक्य अधूरा ही रह जाता है)* इसका बयान मैं अकेले में लूँगा। तुम बाहर जाकर बैठो।

[थानेदार बिन्दा के सामने अपने को अपमानित महसूस करता है। भन्नाया हुआ बाहर जाता है।]

चौकीदार : अब का हुइ गवा?

थानेदार : मेहरारू देखी अउर लार टपकिबे लागी हरामी की। *(नक़ल करते हुए)* अकेले में बयान लूँगा।...मादरचोद!

सक्सेना : *(कुछ देर बिन्दा के चेहरे को देखता रहता है)* तुम सवेरे आए क्यों नहीं? जानते हो, सरकारी बुलावे पर न आना जुर्म है?

रुक्मा : *(डरते-डरते)* तबीयत ठीक नाहीं रही इनकी। ताप हुई गवा रहा।

[बिन्दा रुक्मा को घूरकर देखता है, वह डरकर उससे सट-सी जाती है।]

सक्सेना : देखो, डरने की कोई बात नहीं है। जो कुछ कहना है, खुलकर कहो! *(बिन्दा चुप)* गाँव में दुश्मन था बिसू का कोई? *(बिन्दा चुप)* तुम क्या सोचते हो इस मौत के बारे में? *(बिन्दा चुप)*

हीरा ने बहुत दबी ज़बान से बताया कि यह हत्या का मामला है!...तुम्हें शक है किसी पर?

बिन्दा : *(चुभती हुई नज़रों से सक्सेना को देखने के बाद)* जो बता दें तो हिम्मत है आपमें हत्यारे पर हाथ रखने की?

सक्सेना : *(बिना किसी आवेश के)* क्यों नहीं, इसीलिए तो मैं यहाँ आया हूँ।

बिन्दा : आने को तो बड़ी-बड़ी हस्तियाँ आ रही हैं। सुकुल बाबूओ आए...अपना पैसा लगाके बिसू का मुकद्दमा लड़ने की खातिर। दा साहबौ आए आँसू बहाते हुए मातमपुर्सी के खातिर। आज आप सबकी सतरंज में बिसू की मौत का मोहरा फिट बइठ रहा है ई वास्ते इत्ता हंगामा मच रहा है...फिर से तहकीकात हो रही है...पर होना-हवाना कुच्छ नहीं। *(गुस्से से)* मैं पूछता हूँ साहेब कि कोई ईमान-धरम नहीं रह गया है आप लोगों का?

सक्सेना : *(हलकी-सी सख़्ती के साथ)* बिन्दा!

बिन्दा : अब हमारे बयान से क्या होगा? जोरावर के कुत्ते ई थानेदार ने रपट तैयार करके तो दे दी। भरी सभा में दा साहबौ कह गए कि बिसू ने आत्महत्या की है। मसाल वालों ने छापौ दिया। बस, आप लोगों के लिए तो बात खतम, फिर इस नाटकबाजी का मतलब?

[रुक्मा कसकर बिन्दा की बाँह पकड़ लेती है।]

सक्सेना : *(बिना विचलित हुए)* तो तुम क्या सोचते हो?

बिन्दा : हम नहीं मान सकते...मरते दम तलक नहीं मान सकते कि बिसू आत्महत्या करेगा।

सक्सेना : कारण?

बिन्दा : जो जिन्दगी को इत्ता प्यार करता हो, अपनी ही नहीं, हर किसी की जिन्दगी को—वो आत्महत्या करेगा? नहीं साहेब, नहीं, उसे मारा गया है।

[रुक्मा बिन्दा की बाँह झकझोरकर जैसे उसे रोकती है।]

सक्सेना : देखो बिन्दा, कहने-सुनने में ये बातें अच्छी लग सकती हैं...सुनने वालों के जज़्बात भी उभार सकती हैं, लेकिन मैं एक पुलिस का आदमी हूँ। मेरे लिए इनका कोई मतलब नहीं। क़ानून को ठोस सबूत चाहिए।

बिन्दा : अजब है साहेब आपका ई कानून भी जो सच्चाई पे नहीं, सबूत पे चलता है और सबूत का क्या...जित्ते कहो, उत्ते बटोर दें *(गुस्से से)* कानून स्साले को तो आज बाजारू औरत बना के छोड़ दिया है जिसे हर पैसे वाला जब चाहे अपने घर में बिठा ले।

सक्सेना : *(सख़्त आवाज़ में)* कचहरी में खड़े होकर क़ानून की तौहीन करना...जानते हो, इस जुर्म के लिए तुम्हें अन्दर किया जा सकता है?

[रुक्मा बुक्का फाड़कर रो पड़ती है।]

बिन्दा : *(रुक्मा को फटकारते हुए)* टसुए न बहा। हमरे भीतर की सुलगती आग इन टसुअन से बुझाय गई तो हमहूँ सबकी नाईं जनखा हुइ जाब!

रुक्मा : *(रोते-रोते)* न बोल...न बोल।

सक्सेना : शराफ़त से पेश आओ बिन्दा, और कुछ मदद करो हमारी।

[बिन्दा एकटक सक्सेना को देखता रहता है। रुक्मा उसी तरह रोती रहती है।]

: तुम दोस्त हो न बिसू के तो साथ दो हमारा! देखो, तुम्हारी औरत किस तरह परेशान हो रही है!

[बिन्दा रुक्मा को देखता है फिर सक्सेना को। धीरे-धीरे उसके चेहरे का भाव बदलता है। सक्सेना इस परिवर्तन को लक्ष्य करता है।]

: जिस रात बिसू की मौत हुई, उस दिन दोपहर को वो तुम्हारे घर गया था?

बिन्दा : हाँ।

सक्सेना : कितनी देर तक रहा था?

बिन्दा : दोपहर के खाने के बाद चला गया था।

सक्सेना : खाना उसने तुम्हारे घर खाया था?

बिन्दा : दिन का खाना वो हमारे साथै खाता था। रुक्मा ने सौगन्ध दिला रखी थी!

सक्सेना : शादी के बाद भी बिसू को बहुत मानती थी रुक्मा?

बिन्दा : मानेगी नहीं...गुरु था उसका।

सक्सेना : अच्छा, तुम्हारी और बिसू की दोस्ती तो कुल आठ महीने पुरानी थी। फिर इतनी आत्मीयता...इतनी निकटता कैसे?

बिन्दा : महीनों से क्या होता है, साहेब? खरा आदमी मिल जाए तो हम दुइ दिन में उसके गुलाम हो जाएँ। देखने को मिलता कहाँ है आज खरा आदमी! *(रुक्मा की ओर संकेत करके)* ई जो औरत है न साहेब, बेहद बदजबान और बदमिजाज। कोई मरद बरदास्त नहीं कर सकता ऐसा औरत को! पर हम इज्जत करते हैं, साहेब! बाहर से भीतर तलक खरी है। बिसू की असली चेली।

सक्सेना : अच्छा यह बताओ, खाने के बाद वो कहाँ गया था?

बिन्दा : अपने घर। सहर जाते हुए हमीं छोड़ गए थे।

सक्सेना : तुम शहर क्यों गए थे?

बिन्दा : मंडी में अनाज पहुँचाना था अउर कुछ सामानौ खरीदना था।

सक्सेना : अच्छा, उस दिन क्या बातें की थीं उसने तुमसे? वो दुखी या परेशान था? किसी से कुछ कहा-सुनी या झगड़े की बात की थी उसने?

बिन्दा : हमही से झगड़ा किया था!

सक्सेना : किस बात पर?

बिन्दा : दिल्ली चलने की खातिर। चार-पाँच दिन पहले आगजनी के कुछ ठोस परमान जुटा लिये थे उसने। बस, तबसे पागलों की तरह पीछे पड़ा हुआ था—दिल्ली चलो...दिल्ली चलो।

सक्सेना : फिर?

बिन्दा : फिर क्या, हमने कह दिया—कुछ नहीं होगा दिल्ली जाके भी।

जब सरकार खुदै सारा मामला दाब-ढाँक रही है तो हमारे-तुम्हारे करने से क्या होगा!

सक्सेना : *(उत्सुकता से)* क्या प्रमाण जुटाये थे उसने? यदि ऐसे प्रमाण हैं तो दो पुलिस को। वो नए सिरे से सारे मामले को देखेगी।

बिन्दा : *(फिर गुस्सा उभर आता है)* कुच्छ नहीं करेगी यहाँ की पुलिस। कोई कुच्छ नहीं करेगा।...मसाल वालों के पास गए, छापना तो दूर, बात तक नहीं की। आगजनी का कइसा ब्यौरा छापा था...अब जाने कउन साँप सूँघ गया है! सब-के-सब बिक गए हैं...पुलिसौ...

[रुक्मा फिर हाथ पकड़कर उसे बरजना चाहती है।]

सक्सेना : कैसी बातें करते हो? बिना प्रमाण के पुलिस कर ही क्या सकती थी?...अच्छा बताओ, बिसू के मामले में तुम्हें किस पर शक है?

बिन्दा : सक! जोरावर ने मरवाया है उसे।

रुक्मा : *(हाथ जोड़कर रोते-रोते)* नाहीं साहेब, ई तो ऊ दिन हियाँ रहिबे नाहीं करे। इनका कुच्छौ नाहीं मालूम, आप हम लोगन का छोड़ देओ, साहेब! *(बिन्दा उसे धकेल देता है)*

सक्सेना : लेकिन जोरावर ने क्यों मरवाया? कोई दुश्मनी थी...कोई झगड़ा?

बिन्दा : आगजनी के परमान जुटाके जोरावर की मौत का सामान जो जुटा दिया था बिसू ने!

रुक्मा : *(बिन्दा के पास आकर उसे झकझोरते हुए)* न बोलो...न बोलो।

बिन्दा : *(फटकारते हुए)* चुप कर!

सक्सेना : कोई सबूत है? कोई ऐसा प्रमाण दे सकते हो जो इस दिशा में आगे बढ़ने में हमारी मदद कर सके?

बिन्दा : क्या होगा साहेब, सबूतौ देकर! बिसू के हत्यारे से तो अब हम खुदै निपट लेंगे।

सक्सेना : क़ानून को अपने हाथ में लेने की कोशिश मत करो, बिन्दा! यदि प्रमाण हैं तो हमें दो। मैं यहाँ आया किसलिए हूँ? विश्वास करो।

बिन्दा : *(व्यंग्य और हिक़ारत से)* बिस्वास करो! डाक्टरी रपट में निकला कि बिसू की मौत रात एक बजे के करीब हुई! जहर चार घंटे पहले पेट में गया—यानी नौ बजे के करीब। काहे नहीं जानने की कोसिस की पुलिस ने कि नौ बजे बिसू कहाँ रहा...किसके साथ रहा?

सक्सेना : *(उत्सुकता से)* कहाँ रहा...किसके साथ रहा?

बिन्दा : चाय की दुकान वाले पुत्तन का बयान तक नहीं लिया ई थानेदार ने और आप कहते हैं कि बिस्वास करो!

रुक्मा : *(फूट-फूटकर रोते हुए)* तुम ना बोलो। नाहीं साहेब, ई कुच्छौ नाहीं बोले...इनका कुच्छौ नाहीं मालूम। *(जाकर सक्सेना के पैरों में गिर जाती है)* हम पर दया करो, साहेब!...आप हम लोगन के छोड़ काहे नाहीं देत हो, सरकार?...इनका कउनो कछु कर-करा दिहिस तो हम कहाँ जाइब?

[रुक्मा फूट-फूटकर रोती रहती है। सक्सेना के चेहरे पर ऐसा भाव जैसे भीतर तक हिल गया हो। बिन्दा कुछ देर तक रुक्मा को देखता रहता है फिर बहुत ही ठंडे स्वर में—]

बिन्दा : देख लिया, साहेब? अइसा आतंक आपने और कहीं नहीं देखा होगा! लोगों के घर, जमीन अउर गाय-बैलौ गिरवी नहीं रखे हैं जोरावर और सरपंच के हियाँ, उनकी जबान अउर आवाजौ बन्धक रखी है। *(ग़ुस्से से)* मन करत है फावड़ा लेकर टुकड़े-टुकड़े कर दें जोरावर के...फिर चाहे फाँसी पर ही चढ़ जाएँ।

रुक्मा : ना बोल ऐसी बात...भगवान के वास्ते ना बोल।

सक्सेना : साफ़-साफ़ बताओ...पुत्तन का हाथ है इस मामले में?

बिन्दा : रात नौ बजे दो लड़कों ने बिसू को पुत्तन की दुकान पर चाय पिलाई थी...अउर वो लड़के इस गाँव के नहीं थे। कहाँ से...!

रुक्मा : *(बिन्दा को पकड़कर खींचने लगती है)* तुमका मुन्ना की कसम जो अब एकौ बात मुँह से बोलो...चलो हियाँ से! हम तुमका नाहीं रहे देव हियाँ...हमका जाय देओ, साहेब—हम पर दया

करो! *(बिन्दा के मुँह पर हाथ रखकर उसे बाहर की तरफ़ घसीटती है)*

सक्सेना : अच्छा बिन्दा, इस समय तो तुम जाओ, लेकिन इस मामले में यदि कुछ भी मालूम पड़े तो सीधे आकर मुझे बताना। मैं देखूँगा।

[बिन्दा और रुक्मा निकल जाते हैं। सक्सेना कुछ देर तक उधर ही देखता रहता है—परेशान और त्रस्त-सा। फिर ज़ोर से घंटी बजाता है। थानेदार आता है।]

सक्सेना : सुनो, ये पुत्तन कौन है?

थानेदार : *(एक क्षण को चौंकता है, पर फिर सहज होकर)* साब, वो तो चाय की दुकान करता है!

सक्सेना : कल सबेरे उसे हाज़िर करना, उसका बयान लेना है।

थानेदार : लेकिन सर, वो तो चाय की दुकान...।

सक्सेना : *(सख़्ती से)* मैंने भी यही कहा है। *(एक-एक शब्द पर ज़ोर देकर)* चाय की दुकान वाला पुत्तन!

[इतना कहकर सक्सेना उठ जाते हैं। अन्धकार के साथ दृश्य यहीं पर समाप्त होता है।]

दृश्य : नौ

[गाँव का रेस्ट-हाउस। रात का समय। रेस्ट-हाउस पर धीरे-धीरे प्रकाश आता है। सन्नाटे को चीरता हुआ दूर से कहीं चौकीदार का स्वर सुनाई देता है—"जागते रहो... जागते रहो!" एक ओर से बेतहाशा भागते हुए महेश का प्रवेश। दौड़ने के कारण उसकी साँस फूली हुई है, चेहरे पर आतंक और बदहवासी। आते ही वह ज़ोर-ज़ोर से दरवाज़ा पीटता है...सक्सेना को पुकारता है—"सर... एस.पी. साहब...मिस्टर सक्सेना...!" कभी वह खिड़की खटखटाता है तो कभी दरवाज़ा। टॉर्च लिये हुए मोहनसिंह दरवाज़ा खोलता है। पीछे-पीछे सक्सेना है।]

सक्सेना : *(आश्चर्य से)* तुम? इस वक़्त यहाँ?

महेश : सर, बिन्दा की कुछ लोगों ने पिटाई की है...ज़बरदस्त पिटाई!

सक्सेना : पिटाई? किसने?

महेश : *(साँस बुरी तरह उखड़ी होने के कारण वह हाँफ–हाँफकर बोलता है)* अँधेरे में रुक्मा पहचान तो नहीं पाई सर, लेकिन आज दिन में उसने जो बयान दिया था, यह उसी का नतीजा है।...हीरा काका और रुक्मा को तो मैंने साथ वाले गाँव में भिजवा दिया है, पर मेरे बहुत रोकने के बावजूद बिन्दा ज़ख़्मी हालत में भी टिटहरी गाँव के लिए निकल पड़ा है और वो जिस तैश में गया है, सर...वो उन लड़कों को ज़िन्दा नहीं छोड़ेगा।

सक्सेना : टिटहरी...लड़के? कौन-से लड़के? मोहनसिंह, पानी लाओ!

(हाँफते हुए महेश को थामकर बिठाता है। मोहनसिंह पानी लाता है तो उसे पानी पिलाता है। पानी पीकर महेश थोड़ा सँभलता है) हाँ, अब बताओ, क्या कह रहे थे तुम?

महेश : सर, बिन्दा ने आपको बताया था न कि पुत्तन की दुकान पर दो लड़कों ने चाय पिलाई थी बिसू को। उसी चाय के साथ उसे कुछ खिलाया गया था। वो लड़के टिटहरी के हैं, जिन्हें जोरावर ने इसी काम के लिए हायर किया था।

सक्सेना : कोई प्रमाण है?

महेश : सबसे बड़ा प्रमाण तो अचानक मिला हुआ वो पैसा है जिसकी चर्चा टिटहरी में सब कर रहे हैं। उसी से शक हुआ था बिन्दा को तो अपना एक आदमी लगा दिया उनके पीछे! कुछ देर पहले उसी ने आकर ख़बर दी तो वह ज़ख़्मी हालत में ही चल पड़ा।

सक्सेना : पुत्तन गवाही देगा कि उन लड़कों ने उसकी दुकान पर बिसू को चाय पिलाई थी?

महेश : *(खीज और निराशा से)* नहीं सर, पुत्तन के मुँह पर ताला डाल दिया है थानेदार ने। पर उसकी कोई ज़रूरत ही नहीं है सर, ये लड़के घुटे हुए अपराधी नहीं हैं, ज़रा-सा दबाव पड़ते ही सारी बात उगल देंगे।...लेकिन डर तो इस बात का है सर, कि तैश में आकर बिन्दा ने ही इन लड़कों का कुछ कर-करा दिया तो हमारे पास कोई सबूत नहीं रह जाएगा।...आप तुरन्त कुछ करिए, सर!

सक्सेना : *(एक क्षण महेश की ओर देखते रहते हैं)* लेकिन महेश, तुम इन सब में इन्वॉल्व कैसे हो गए? सुबह तो तुम कह रहे थे कि तुम्हें परमीशन नहीं है...फ़ार्म में भरकर...!

महेश : *(बात बीच में काटकर तैश में)* इन्वॉल्व? इन हालातों में रह सकता है कोई बिना इन्वॉल्व हुए? *(निर्णयात्मक स्वर में)* अब तो मैं पूरी तरह इन्वॉल्व हूँ, सर! देयर इज़ नो क्वेश्चन अबाउट इट।

[महेश की बात से सक्सेना जैसे कहीं गहरे में डूब जाते हैं।]

: आप जल्दी ही कुछ करिए, सर!

सक्सेना : *(अपने में लौटते हुए)* नाम मालूम हैं लड़कों के?

महेश : बंसी और बिहारी! गाँव में कोई भी बता देगा, सर!

[सक्सेना फिर कुछ सोचने लगते हैं।]

: *(व्यग्रता के साथ)* अगर ये दो लड़के नहीं पकड़े गए सर, तो फिर कभी कोई बिसू के हत्यारे को नहीं पकड़ सकेगा। और नहीं पकड़ा गया तो सब कुछ कितना बेकार हो जाएगा, सर! बिन्दा का अपने को दाँव पर लगा देना...मेरा पढ़ाई छोड़ देना—सब कुछ! अगर बिसू को मारने वाला बच गया तो हम सब टूट जाएँगे! *(एकदम फूट पड़ता है)*

सक्सेना : *(कुछ क्षण सोचने के बाद निर्णयात्मक स्वर में)* अब वह बच नहीं सकेगा।

महेश : *(उत्साह से)* सर, मैं भी चलूँगा आपके साथ!

सक्सेना : नहीं-नहीं, तुम्हारा साथ चलना ठीक नहीं है। मैं ख़ुद देखूँगा।

महेश : लेकिन आप देर मत करिए, सर!

सक्सेना : *(उसका कंधा थपथपाते हुए)* तुम इस वक़्त घर जाओ...और देखो, होशियारी से जाना।

[सक्सेना के व्यवहार से कृतज्ञ होकर महेश उसका हाथ पकड़ लेता है और फिर जल्दी से निकल जाता है।]

: *(कुछ देर उसी दिशा में देखता है)* मोहनसिंह! *(भीतर से मोहनसिंह आता है)* मेरा बैग लाओ।

मोहनसिंह : यस सर!

[जल्दी से बैग लेकर आता है। सक्सेना बैग से काग़ज़-क़लम निकालता है...कुछ क्षण सोचता है फिर जल्दी-जल्दी कुछ लिखने बैठ जाता है।]

सक्सेना : *(काग़ज़ को लिफ़ाफ़े में डालकर)* देखो, ड्राइवर से कहो कि यह चिट्ठी डी.आई.जी. साहब के घर जाकर देगा...ख़ुद उनके हाथ में! बहुत ज़रूरी है।

मोहनसिंह : *(चिट्ठी लेकर)* यस सर!

सक्सेना : और तुम जीप निकालो।

मोहनसिंह : *(आश्चर्य से)* सर?

सक्सेना : जीप निकालो, टिटहरी चलना है, फ़ौरन!

[मोहनसिंह सैल्यूट मारता है। सक्सेना भीतर जाने के लिए मुड़ता है। अन्धकार।]

दृश्य : दस

[दा साहब की बैठक। दा साहब चाय पी रहे हैं। पांडेजी पास में खड़े कुछ कह रहे हैं। भीतर से जमना बहन हड़बड़ाती हुई लखन के साथ आती हैं।]

जमना बहन : ये मैं क्या सुन रही हूँ! लखन का कहना है कि सुकुल बाबू की मीटिंग में एक लाख आदमी जुटेंगे। उसमें विघ्न डालने के लिए क्या कुछ भी नहीं किया जा सकता?

पांडेजी : मैं तो कहता हूँ कि बसों और ट्रकों पर दो दिन के लिए पाबन्दी लगा दी जाए। बहुत ज़रूरी हो गया है।

दा साहब : *(पैनी नज़र से पांडे को देखते हैं)* प्रजातंत्र में प्रदर्शन पर पाबन्दी लगाई जाए...अनुचित है यह!

पांडेजी : *(पहली बार दा साहब की बात का प्रतिवाद करते हैं)* सारा उचित-अनुचित सिर्फ़ हम लोगों को ही देखना है, साब? सुनते हैं, सुकुल बाबू की जोड़-तोड़ की राजनीति तो पूरे ज़ोर-शोर से शुरू हो गई है। हमारे चार विधायकों ने तो गुप्त रूप से उनके लिए काम करना भी शुरू कर दिया है।

लखन : किस-किसको बस में रखेंगे, पांडेजी? लोचन भैया के यहाँ अब रोज़ खुलेआम मीटिंग हो रही है। पार्टी की इमेज को लेकर उनकी नींद हराम हो रही है और जब तक वो सबकी नींद हराम नहीं कर देते, शान्ति से नहीं बैठेंगे। देखिएगा, इस रैली को ही हथियार बनाकर...

दा साहब : *(शान्त और अविचलित स्वर में)* जो भी हो। अपनी लड़ाई मैं उनके हथियारों से नहीं लड़ूँगा।

पांडेजी : वो तो आपने सही फ़रमाया, साब! लेकिन यह सक्सेना की बयानबाज़ी भी बहुत महँगी पड़ गई हमको तो। बिसू के सीधे-सादे केस में जाने क्या-क्या पेच निकालकर रोज़ गाँव जाते रहे हैं...*(खीज के साथ)* भेजा था लोगों को सन्तुष्ट करने, पर सारे गाँव का वातावरण ख़राब करके रख दिया। *(थोड़ा पास सरककर)* आप शायद जानते नहीं साब, सक्सेना की अजब साँठ-गाँठ चल रही है—बिन्दा और एक शहरी लड़का आया हुआ है वहाँ, उसके साथ। आगजनी की घटना के प्रमाण लेकर वे दोनों दिल्ली जा रहे हैं और सक्सेना हैं कि रास्ता दिखा रहे हैं उन्हें!

लखन : असली हथियार तो मिलेगा बिन्दा से। दिल्ली के अख़बारों में जब प्रमाणों के साथ आगजनी की घटना छपेगी तब देखिएगा हंगामा! बिसू की मौत को मंत्रिमंडल की मौत बनाकर ही मानेंगे लोचन भैया।

दा साहब : बिन्दा? बहुत नाम सुनने में आ रहा है इस आदमी का।

पांडेजी : बहुत बीहड़ आदमी है, साब! सरपंच और जोरावर कितने भड़के हुए हैं इस सबसे। सक्सेना ने कितनी सख़्ती से लिये हैं इन लोगों के बयान...आप जो भी ठीक समझें करें, लेकिन अब हम कहीं के नहीं रहे। जोरावर के पैंतीस प्रतिशत वोट कम-से-कम पक्के तो थे। हरिजनों का क्या है—उन पर तो...।

दा साहब : थे? मतलब?

पांडेजी : अब क्या बताऊँ, साब! जोरावर...।

दा साहब : जोरावर क्या सुकुल बाबू को वोट देगा?

पांडेजी : नहीं साब!

दा साहब : तो?

पांडेजी : वो ख़ुद खड़ा हो रहा है।

दा साहब : *(एकदम चौंककर)* क्या?

पांडेजी : हाँ साब, वो ख़ुद खड़ा हो रहा है।

जमना बहन : यह तुम क्या कह रहे हो, पांडे! जोरावर खड़ा हो रहा है? इतनी हिम्मत कैसे हुई उसकी?

दा साहब : कहा उसने तुमसे?

पांडेजी : नहीं साब, और अभी कहेगा भी नहीं। बहुत उखड़ा हुआ है आजकल। कल आख़िरी दिन है, कल ही अपना नामांकन-पत्र भरेगा। मुझे भी शाम को ही पता लगा।

दा साहब : *(बहुत परेशानी के साथ)* पर ऐसा कैसे हो सकता है—मुझे विश्वास नहीं हो रहा है।

लखन : होगा भी नहीं। 'अपने लोग, अपने लोग' कहकर और चढ़ाइए सिर पर...'ख़ून में वफ़ादारी होती है इनके'— देख ली वफ़ादारी?

पांडेजी : बात पक्की है, साब! सुकुल बाबू ने काशी के ज़रिए फोड़ा है उसे। तभी तो कहता हूँ साब कि अब हमें भी...।

दा साहब : मुझसे पूछा तक नहीं और...कोई सौदा करना चाहता है क्या?

पांडेजी : नहीं साब, इतनी पैंतरेबाज़ी उसके बस की नहीं! जाट आदमी है, जिधर चाहो चाबी घुमा दो। हम लोगों से नाराज़ था, काशी ने भड़का दिया। *(दा साहब के चेहरे पर परेशानी)* कहा तो है कि आपने मिलने के लिए बुलाया है। बहुत ज़रूरी काम है।

दा साहब : आएगा?

पांडेजी : हाँ साब, आता ही होगा अभी।

जमना बहन : *(हलके-से क्रोध के साथ)* अब जब आए तो सख़्ती से पेश आना चाहिए हमें भी। भलमनसाहत की क़दर जब कोई जानता ही नहीं तो क्या फ़ायदा भलमनसाहत करने का!

पांडेजी : नहीं माताजी, इस चुनाव को जीतने के लिए तो जोरावर का साथ बहुत ज़रूरी है। हो सके तो आप उसे किसी तरह बस में करने की कोशिश करिए।

दा साहब : *(पांडे से)* पांडे, तुम्हें सरोहा की ज़िम्मेदारी दी है, उसे तुम ही सँभालो—दूसरी चिन्ताओं से अपने को परेशान मत करो।

[जोरावर का प्रवेश। तीनों उसे ग़ुस्से से देखते हैं।]

जोरावर : जै रामजी की दा साहेब! आपने हुकुम किया था—हाजिर हो गए हम।

['जोरावर!' कहती हुई जमना बहन आगे बढ़ती हैं कि दा साहब बीच में रोक देते हैं।]

दा साहब : जोरावर से मुझे अकेले में बात करनी है।

[तीनों थोड़ा-सा हतप्रभ होते हैं, फिर भीतर चले जाते हैं। जोरावर भी दा साहब के इस रवैये से स्थिति को सूँघने की कोशिश करता है। दा साहब एक क्षण चुभती नज़रों से जोरावर को देखते हैं। फिर उठकर घरेलू-दफ़्तर वाले कमरे में आ जाते हैं। जोरावर को बैठने का इशारा करके उसी सधे हुए अन्दाज़ में—]

: यह सही है जोरावर कि मैं जब किसी का हाथ पकड़ता हूँ तो बीच में नहीं छोड़ता। स्वभाव है मेरा। पर कोई इसे मेरी दुर्बलता समझकर नाजायज़ फ़ायदा उठाना चाहे तो...।

जोरावर : क्या बात है, दा साहेब? आप साफ़ बोलो न? *(बैठता है)*

दा साहब : साफ़ बात अपने लोगों के बीच हो सकती है, जोरावर! पर तुमने तो अपनेपन की जड़ें ही काटनी शुरू कर दी हैं!

जोरावर : वो कैसे?

दा साहब : अपने आप से पूछो यह सवाल तो ज़्यादा बेहतर होगा। *(विराम)* क्या यह सही है कि तुम चुनाव में खड़े हो रहे हो? *(जोरावर हलके-से चौंकता है, पर बोलता नहीं)* तुमने मुझसे पूछने की ज़रूरत तक नहीं समझी!

जोरावर : *(जोरावर कुछ देर तक दा साहब को तौलती हुई नज़रों से देखता है, फिर एकाएक आक्रामक रवैया अपना लेता है)* देखो, दा साहेब, हमें तो दोस दो मत आप...इन बातों की पहल आपने की है।...हमारे ही गाँव में घरेलू उद्योग योजना शुरू की—एक बार पूछा तो होता हमसे भी।—सो नहीं! पंचायत को अलग रखा उससे—पैसा भी उसके हाथ में नहीं दिया। जिन लोगों ने आपके चुनाव में खून-पसीना एक किया था, आज भरोसे के लायक नहीं रह गए ये लोग? सोचा तो होता कि कौन-सी साख

रह जाएगी गाँव में पंचायत की—हमारी! *(विराम)* फिर भी हम आपके पास आए कि बैठकर बात करें आपसे...पर वो लखन बेइज्जती करता रहा हमारी आपके सामने ही और आपके मुँह से दो बोल तक नहीं फूटे हमारे वास्ते।...आपकी सह के बिना आँख मिलाकर देखे तो वो हमसे।

दा साहब : कुछ ग़लत तो नहीं कहा था लखन ने। फिर यह योजना सरकार की नीति है...हमारा पहला...।

जोरावर : और उस दिन गाँव में कैसा सलूक किया आपने हमारे साथ... जिन्दगी में कभी इत्ते बेइज्जत नहीं हुए हम। सबके बीच नाक कट गई हमारी तो...आप हमें गोली मरवा देते तो हम बरदास्त कर लेते...लेकिन इस तरह नंगा करके छोड़ गए हमें आप... कित्ता तो इन्तजाम करवाया था, कैसे मन से करवाया था और आप!...हमें दुत्कार कर हीरा को लेकर मंच पर बैठ गए...।

दा साहब : सिर्फ़ तुमको बचाने के लिए। अपनी ज़्यादतियों से जहाँ-जहाँ लोगों के मन में घाव कर रखे हैं तुमने...बहुत ज़रूरी हो गया है मलहम लगाना उन पर।

जोरावर : पर हमारे सीने पर जखम करने के लिए तो फिर से तहकीकात का हुकुम दे दिया आपने। आकर देखा तो होता कि कैसा सलूक किया हमारे और सरपंच काका के साथ उस दो कौड़ी के सक्सेना ने। यही इज्जत रह गई है हमारी गाँव में कि ऐरा-गैरा हर कोई...!

दा साहब : तो अब चुनाव लड़कर इज़्ज़त बनाओगे अपनी? खेती में और राजनीति में बहुत फ़र्क़ होता है, जोरावर!

जोरावर : बहुत कर ली खेती दा साहेब, अब तो हमहूँ करेंगे राजनीति।

दा साहब : किसने समझाया तुम्हें? काशी ने? सुना है, वह रास्ता भी दिखा रहा है और साथ भी दे रहा है तुम्हारा इस चुनाव में।

जोरावर : अब आप दुरदुरा दोगे दा साहेब, तो कोई तो साथ देगा हमारा भी। कासी हमको सगे भाई से जियादह मानता है।

दा साहब : सगे भाई ने यह नहीं बताया कि बिसू ने आगजनी के जो प्रमाण जुटाये थे उन्हें लेकर बिन्दा दिल्ली जा रहा है—सक्सेना ने

बिसू की हत्या के सारे प्रमाण जुटाकर रिपोर्ट तैयार कर दी है। अच्छा हुआ, तुमने ख़ुद हाथ खींच लिया। मैं मुक्त हुआ। वरना इन स्थितियों में मेरे लिए भी बहुत मुश्किल हो जाता कुछ भी कर पाना।

जोरावर : क्या लिख दिया है सक्सेना ने अपनी रपट में?

दा साहब : जानते हो, किस-किस के बयान हैं इसमें! *(फ़ाइल को सहलाते हुए)* पढ़कर सुनाऊँ?

जोरावर : सक्सेना ने जिन-जिनके बयान लिये, उन सबकी राई-रत्ती खबर है हमारे पास भी।

दा साहब : पुलिस के हर काम की ख़बर हर किसी को होने लगे तो पुलिस ही क्या हुई?...*(फ़ाइल के पन्ने पलटते हुए)* रात को दो लड़कों के साथ पुत्तन की दुकान पर चाय पी थी बिसू ने और यही आख़िरी चीज़ है जो उसके पेट में गई।

जोरावर : *(एक क्षण ऐसे देखता है जैसे तौल रहा हो)* पुत्तन? लौंडे-लपाड़ों के साथ चाय-बीड़ी तो वह पीता ही रहता था, उसमें हमारा क्या है?

दा साहब : लड़के सरोहा के नहीं, टिटहरी गाँव के थे।

जोरावर : *(चेहरे का रंग उड़ने लगता है)* वो तो, आसपास के गाँवों में भटकता ही रहता था। काम-धाम तो कुछ था नहीं उस हरामी के।

दा साहब : बंसी और बिहारी नाम हैं लड़कों के। उनके बयान हैं इस फ़ाइल में!

जोरावर : *(हकलाते हुए)* कौन...कौन हैं ये लड़के?

दा साहब : दो घंटे की पिटाई में सब कुछ उगल दिया है उन्होंने!

जोरावर : तो कोई भी लौंडे कुछ भी कह देंगे तो...।

दा साहब : इस काम के लिए जो मोटी रक़म दी गई थी...वह भी पुलिस के क़ब्ज़े में है।

जोरावर : क्याऽऽ! खड्डा खोदकर गाड़ नहीं दूँ हरामियों को!

दा साहब : लड़के पुलिस की हिरासत में हैं। *(फ़ाइल बन्द करके एक ओर रख देते हैं)* समझ गए, जोरावर? बात ज़बानी रहे तब तक

कुछ नहीं, पर एक बार फ़ाइल में आ जाए तो बहुत मुश्किल हो जाता है।

जोरावर : *(माथे पर हाथ मारकर)* दा साहेब...पर हमने कुछ किया भी हो...।

दा साहब : तुम्हारी गिरफ़्तारी का वारंट निकल चुका है और तुम्हें चुनाव लड़ने की सूझ रही है! विधानसभा की जगह मुझे तो डर है कि कहीं तुम्हें जेल न जाना पड़े।

[दा साहब उठकर बैठक की तरफ़ जाते हैं। अपनी अचकन उतारकर पहनने लगते हैं।]

जोरावर : *(घबराया हुआ जोरावर दा साहब के पीछे-पीछे जाता है)* यह आप क्या कह रहे हो, दा साहब...आप बात तो सुनो *(दा साहब अलमारी में से कुछ निकालने लगते हैं। जोरावर वहाँ जाकर)* आप तो ऐसे नाराज हो रहे हो दा साहेब, जैसे हम खड़े ही हो गए। वैसे भी आपसे पूछे बिना तो फारम भरते नहीं। आप कहोगे तो नहीं खड़े होंगे। रखा ही क्या इस राजनीति ससुरी में? अपनी खेती ही भारी हो रही है हमें तो।

दा साहब : नहीं-नहीं, खड़े होना चाहते हो तो ज़रूर खड़े होओ। मैं क्यों कहूँगा कुछ?

जोरावर : आप तो ऐसे बात कर रहे हो दा साहेब, जैसे हम आपके कुछ हैं ही नहीं, पराए हैं।...उस कासी ससुरे ने इत्ता भड़काया पर सुकुलवा से तो नहीं मिले जाकर हम। मिल ही नहीं सकते।... लेकिन आपने एक बार कहलवाया तो दौड़े-दौड़े हाजिर हुए या नहीं? *(दा साहब रैक पर से चश्मा उठाते हैं। जोरावर पीछे-पीछे)* जाट आदमी हैं दा साहेब, भेजे में यों ही थोड़ी-सी गरमी भर गई थी। वरना आपके एक इसारे पर हमेसा खून बहाने को तैयार रहा है जोरावर और आज भी हुकुम तो करो आप। *(जमना बहन अन्दर से आती हैं, पर चुपचाप दरवाज़े पर ही खड़ी रहती हैं। दा साहब किसी दूसरे कोने से अपनी डायरी, पर्स आदि उठाते हैं। जोरावर पीछे-पीछे)* बच्चे हैं हम आपके,

दा साहेब...गलती करें तो सौ जूते मार लो...पर इस तरह। *(दा साहब खूँटी पर से टोपी उतारते हैं, सिर पर लगाते हैं। जोरावर पीछे-पीछे)* पिछले चुनाव में सारे वोट आपके नाम नहीं पड़े थे और इस बार भी बस इसारा भर करें...जोरावर कभी नहीं चूकेगा अपने फरज से...पर आप बात तो सुनो मेरी...!

[रत्ती अन्दर आता है।]

रत्ती : साब! डी.आई.जी. साब आए हैं।

दा साहब : भेजो उन्हें! *(रत्ती जाता है)* अब जो कुछ कहना हो कोर्ट में कहना।

जोरावर : *(रुआँसा होकर)* ये क्या हो गया?...ठीक है, मैं यहीं बैठा रहूँगा, ले जाएँ मुझे यहीं से पकड़कर। *(एकाएक नज़र जमना बहन पर पड़ती है, लपककर उनके पास जाता है और चिरौरी करते हुए)* देखो जमना बहन, उस सक्सेना ने जाने क्या उलटा-सीधा... और दा साहब हैं कि...।

जमना बहन : *(फटकारते हुए)* चुप रहो, भीतर चलो मेरे साथ।

[जमना बहन बिना किसी तरफ़ देखे भीतर चली जाती हैं। जोरावर एक बार दा साहब की ओर देखता है, पर वहाँ सपाट चेहरा देखकर जमना बहन के पीछे-पीछे चल पड़ता है। दा साहब उसको जाते हुए देखते हैं। कुछ क्षण विचार-मग्न-से खड़े रहते हैं, फिर बैठकर सरोहा वाली फ़ाइल देखने लगते हैं। थोड़ी देर बाद सिन्हा का प्रवेश। सैल्यूट करता है।]

दा साहब : *(फ़ाइल देखते हुए)* सक्सेना के बारे में क्या राय है?

सिन्हा : जी, आदमी तो अच्छा है...आइ मीन...।

दा साहब : मैं अच्छे-बुरे की नहीं, योग्यता की बात कर रहा हूँ। *(नज़रें सिन्हा के चेहरे पर गड़ाकर, लेकिन स्वर में आवेश नहीं वही सधाव और ठहरापन है)* पुलिस वालों में जैसी पैनी-दृष्टि, व्यवहार-कुशलता निष्पक्षता और टैक्ट होना चाहिए, वैसा कुछ

है नहीं। हिदायत के बावजूद दुर्व्यवहार किया है कुछ लोगों के साथ। वहाँ सन्तुष्ट करने के लिए भेजा था, बहुत असन्तुष्ट हैं लोग *(सिन्हा के चेहरे पर हवाइयाँ उड़ने लगती हैं)* सी.आर. भी देखी है। मेरी धारणा की पुष्टि ही करती है। जब-जब कोई महत्त्वपूर्ण काम सौंपा गया, परिणाम हमेशा असन्तोषजनक ही रहा।

सिन्हा : *(क्षमा-याचना के स्वर में)* सॉरी सर, अब मैंने केस पूरी तरह अपने हाथ में ले लिया है। आप चिन्ता न करें। *(परेशानी से)* पता नहीं, इतने सीधे-साफ़ केस में सक्सेना ने...!

दा साहब : चुनाव के इस माहौल में कोई भी बात इतनी सीधी और साफ़ नहीं हो सकती, मिस्टर सिन्हा!...कितनी सफ़ाई से विरोधी पार्टी के लोगों ने हत्या की इस घटना का इस्तेमाल किया है. अपने राजनीतिक स्वार्थ के लिए। वे अच्छी तरह जानते हैं कि जब तक जोरावर हमारे साथ है, एड़ी-चोटी का ज़ोर लगाकर भी वे चुनाव नहीं जीत सकते। बहुत ज़रूरी हो गया था उनके लिए जोरावर को हटाना, और उसे हत्या के आरोप में फँसाने का इससे बेहतर मौक़ा उन्हें कहाँ मिल सकता था? पैसों के ज़ोर से टिटहरी के उन लड़कों को ख़रीदकर कितनी होशियारी से जोरावर का नाम डाला गया है उनके मुँह में! *(दुख के साथ-साथ पहली बार स्वर में हलका-सा क्रोध भी उभर आता है)* राजनीति जहाँ इस तरह की तिड़कमबाज़ियों पर टिकी हो, कितना ज़रूरी होता है वहाँ घटनाओं की तह तक जाना!

सिन्हा : *(दा साहब को आश्वस्त करते हुए)* लेकिन सर, मेरी रिपोर्ट में तो यह आत्महत्या का केस है।

दा साहब : *(एक क्षण सिन्हा का चेहरा देखते रहते हैं। आवाज़ में फिर पहले वाला सधाव आ जाता है)* लगता है, निष्कर्ष आपके मन में पहले था और रिपोर्ट बाद में तैयार की है। इसीलिए बिना सोचे-समझे सारे नतीजे उसी दिशा में निकलते चले गए।

सिन्हा : *(हकबकाकर)* जी...?

दा साहब : रात मैंने भी काफ़ी ग़ौर से फ़ाइल देखी है। *(क्षणिक विराम,*

फिर बिना किसी आवेश के एक-एक बात को समझाते हुए) बिसू और रुक्मा के सम्बन्ध बहुत साफ़ हैं...उसके बाप तक ने क़बूल किया है।...बिसू के पास बने रहने के लिए ही रुक्मा बिन्दा को गाँव में लाई। पत्नी के प्रेमी को बरदाश्त न कर पाना, पर सन्देह न हो इसलिए मित्रता की आड़ बनाए रखना...पूरी योजना बनाकर घटना वाले दिन गाँव से अनुपस्थित रहना और बाद में आवश्यकता से अधिक आक्रामक रवैया! *(एकाएक स्वर में क्रोध का पुट उभर आता है)* सन्देह के लिए कोई गुंजाइश रह जाती है?...इतनी मोटी-सी बात आप लोगों की समझ में नहीं आई? ये हत्या का मामला है...बिन्दा ने की है हत्या! और सक्सेना पुलिस का आदमी होकर मुजरिम के साथ साँठ-गाँठ करे! जुर्म है यह। *(गुस्से से काँपते हुए)* सस्पेंड सक्सेना एंड अरेस्ट बिन्दा—इमीजिएटली!

[सिन्हा हक्का-बक्का जहाँ का तहाँ खड़ा रह जाता है। दा साहब के अन्तिम शब्द के साथ ही अन्धकार हो जाता है।]

दृश्य : ग्यारह

[गाँव में जोरावर के घर की चौपाल। तबला-हारमोनियम वाले कोई बहुत ही चलती धुन बजा रहे हैं, जिस पर एक नाचने वाली नाच रही है। दो-तीन लोग मुग्ध भाव से तालियाँ बजा रहे हैं। एक किनारे लठैत भी बैठा है। जोरावर, पांडेजी और लखन का प्रवेश। लखन के चेहरे पर परेशानी और दुख का मिला-जुला भाव है।]

पांडेजी : *(नाचने वाली पर नज़र डालकर)* वाह जोरावर, क्या इन्तज़ाम किया है!

जोरावर : जोरावर की दावत में हर चीज हाजिर। *(थैले में से एक बोतल निकालकर बीच में रखते हुए)* यह देसी...तुम सबके लिए और *(दूसरी बोतल पांडेजी को पकड़ाते हुए)* यह पांडेजी के लिए।

तबलावादक : जायका बदलने के लिए बिलायती भले ही ले लो, पर भइया धक्का तो देसी का ही पड़िहै। ई बिलायती ससुरी तो बस तनिकौ गुदगुदाय भर देय। *(गिलास में उड़ेलकर सबको देता है)*

दो-तीन लोग एक साथ : अउर का!

पांडेजी : *(जोरावर को गिलास देते हुए)* हिसाब से तो आज की दावत लखन को देनी चाहिए थी।

जोरावर : *(लखन की ओर देखकर जो मुँह लटकाये बैठा है)* लखन बाबू ठहरे सूम। कुच्छौ नाहीं होगा इनसे। पर कोई बात नहीं, हम करेंगे दावत। पिलाते नहीं हो तो पियो तो सही, लखन बाबू! ई

देसी नहीं, बिलायती है...अंगूरी!

लखन : *(बहुत ही उखड़े स्वर में)* मैं नहीं पीता, जोरावर!

आदमी 1 : दुइ दिन पहले तो बहुत चहके रहे, लखन बाबू! इधर कछु हुइ गवा का?

पांडेजी : क्यों मुँह लटका रखा है? मातम में आए हो क्या?

[सब हँसते हैं।]

जोरावर : अरे इन पांडेजी को देखो। गीता बाँचने वाले के खासुल-खास। पर इसका सौक तो फरमाते ही हैं। क्यों पांडेजी?

पांडेजी : लत तो नहीं, पर शाम को दो पैग मिल जाए तो दिन-भर की थकान मिट जाती है और दूसरे दिन के लिए चुस्ती आ जाती है!

जोरावर : पी लो लखन, पी लो। डर-वर सब भाग जाएगा।

[लखन के हाथ में ज़बरदस्ती गिलास थमाता है। लखन बोलता कुछ नहीं, पर चेहरे पर वितृष्णा का भाव।]

पांडेजी : पी लो लखन, जोरावर इतनी ख़ुशामद कर रहा है! अरे, जोरावर के गाँव से चुनाव लड़ रहे हो और जोरावर की शराब नहीं पियोगे?

[सब हँसते हैं। जोरावर ज़बरदस्ती लखन को शराब पिला देता है। लखन बुरा-सा मुँह बनाता है। नाचने वाली अपनी गति तेज़ कर देती है।]

: *(लखन की उदासी को लक्ष्य करके)* यह सच है लखन कि बिन्दा की गिरफ़्तारी से हरिजनों के कुछ वोट कटेंगे। सुकुल बाबू के आदमी...।

जोरावर : मारो गोली सुकुल बाबू के आदमियों को! सुकुल बाबू को वोट देने वाले हरिजन कौन से हैं, हम जानते हैं, हम! बूथ पर पहुँच तो जाए उनमें से ससुरा एक भी! अरे जोरावर के राज में वही वोट दे सकेंगे, जिन्हें जोरावर चाहेगा।

आदमी 2 : हाँ भैया, वोट तो जोरावर के राज मा वोही दे सके है जो जोरावर जी का हुई कै रहै! एक वो ससुरा बिन्दा, दुसमनी...।

आदमी 1 : हुई गवा भीतर।

लठैत : अउर ऊ सक्सेना, छुट्टी हुई गई साले की!

जोरावर : देखो भइया, जो हमरे संग चले, ऊ सर माथे पर हमार। पर जो कउनो उँगली उठावे की कोसिस करै तो हाथ कटाय के धर दें ससुरे का।

आदमी 1 : अब तो सब हुड़दंगियों के हाथ कटि गए। ई खुसी में पियो।

[सब पीने लगते हैं।]

पांडेजी : ये जशन जोरावर की जीत का जशन।

[तबला-हारमोनियम बजने लगता है, नाचने वाली की गति तेज़ हो जाती है...सब लोग पीते रहते हैं। कुछ क्षणों तक जश्न का माहौल। फिर धीरे-धीरे अन्धकार हो जाता है।

प्रकाश डी.आई.जी. सिन्हा के घर हो रही पार्टी पर आता है। 'मशाल' का कार्यालय सिन्हा के घर में तब्दील कर दिया गया है। सजे-धजे स्त्री-पुरुष। बेयरा ट्रे में गिलास लिये घूम रहा है। सब आपस में बातें कर रहे हैं। इनकम टैक्स कमिश्नर बेदी अपनी पत्नी के साथ प्रवेश करते हैं।]

बेदी : *(सिन्हा से)* हेल्लो माई स्वीट लिटिल रैबिट सिन्हा! कांग्रेचु-लेशंस! बड़ी रौनकें लगा रखी हैं भई! लगता है, बिना डिज़र्व किये ही डी.आई.जी. से आई.जी. बन गए हो!

श्रीमती सिन्हा : कैसी बातें करते हैं, भाई साहब! यह पार्टी ख़ाली प्रमोशन की थोड़े ही है!

बेदी : तो और क्या हो गया तुम्हारे घर? दस दिन को मैं बाहर गया और इस बीच में भाई लोगों ने पार्टी का मौक़ा भी तलाश कर लिया!...बात क्या हो गई?

दत्ता बाबू : अपनी क़ैद की पच्चीसवीं वर्षगाँठ मना रहे हैं।

वर्मा : ओह, तो यह बात है! तब तो इनाम के तौर पर महीने-दो-महीने की छुट्टी दिलवा देनी चाहिए सिन्हा को इस कैद से। क्यों भाभी जी?

श्रीमती सिन्हा : कमाल करते हैं आप भी! *(ठुनकते हुए)* क़ैद तो पच्चीस साल तक मैंने काटी है। पुलिस वाले के साथ रहना किसी सज़ा से कम होता है?...इनाम तो मुझे मिलना चाहिए।

बेदी : ठीक है, तो इनाम के तौर पर छुट्टी आप ले लीजिए, सिन्हा को मैं अपने साथ ले जाता हूँ।

[सम्मिलित ठहाका। हँसते हुए सिन्हा दूसरे लोगों के पास जाकर बात करने लगते हैं।]

कोहली : मान गए, सिन्हा साब! इस बिसू वाले मामले में तो आपने कमाल ही कर दिया।

दत्ता बाबू : और नहीं तो क्या? वरना इस हत्या-आत्महत्या के चक्कर में अच्छे-अच्छे चक्कर खा गए। दोस्ती की आड़ में ऐसा वार किया कि कोई पकड़ ही नहीं सकता।

कोहली : लेकिन सिन्हा साहब ने असलियत पकड़ ही ली।...बड़ी पैनी नज़र है आपकी...मान गए।

बेदी : पकड़ा तो इनाम भी तो मिल गया तुरन्त!

श्रीमती सिन्हा : इनाम तो सबको दिखता है भाई साहब, पर यह भी सोचा है कि जान कितनी जोखिम में रहती है इस नौकरी में!

बेदी : *(छेड़ते हुए)* आपके साथ रहने से भी ज़्यादा जोखिम?

[सम्मिलित ठहाका। खाने-पीने, हँसी-मज़ाक़ के बीच धीरे-धीरे अन्धकार हो जाता है।

जश्न के इन दो दृश्यों की अपेक्षा बहुत मन्द प्रकाश में थाने का दृश्य उभरता है। थानेदार और चौकीदार दोनों मिलकर बिन्दा की पिटाई कर रहे हैं। हर बार बेंत खाकर वह चीख़ता है, लेकिन बोलता कुछ नहीं। थाने के बाहर महेश और मुअत्तिल सक्सेना खड़े हैं...परेशान, दुखी!

बिन्दा की चीख़ों के साथ-साथ महेश के चेहरे पर क्रोध का भाव बढ़ता जाता है।]

थानेदार : क़बूल कर कि बिसू को तूने मारा है *(मारता है)* बंसी और बिहारी को रुपये देकर तूने ज़हर दिलवाया...!

चौकीदार : बोल बे सूम के बच्चे...भैंचो...!

[बिन्दा कुछ नहीं बोलता। उसके गले से केवल चीख़ने और कराहने की आवाज़ें आती रहती हैं।]

थानेदार : नहीं बोले तो मार-मार के भैंचोद के शरीर की लुगदी बना दो!

[दोनों बिन्दा पर पिल पड़ते हैं। बिन्दा की चीख़ों के बीच ही थाने पर प्रकाश और भी मन्द हो जाता है और दा साहब का घर पूरी तरह प्रकाशित हो जाता है। दा साहब के घर का और थाने का दृश्य साथ-साथ चलता है। दा साहब और जमना बहन प्रसन्न मुद्रा में। सामने चौकी पर प्लेटों में कई प्रकार के व्यंजन सजे हुए हैं।]

दा साहब : एक घंटा मालिश करवाकर भाप-स्नान किया तो शरीर फूल-सा हलका हो गया।

जमना बहन : और क्या, तभी तो कहती हूँ कि सप्ताह में एक बार ज़रूर किया करो। पर तुम्हें फ़ुर्सत ही कहाँ मिलती है अपने ऊपर ज़रा भी ध्यान देने की!

दा साहब : *(सामने चौकी पर नज़र डालकर)* इतने व्यंजन? दावत कर रही हो क्या?

जमना बहन : करनी तो चाहिए दावत! कितने संकट तो टले हैं।

[थाने का दृश्य फिर सजीव हो जाता है। थानेदार का पीटना और बिन्दा का कराहना! महेश के चेहरे पर बेचैनी और क्रोध।]

[प्रकाश फिर दा साहब के कमरे पर।]

जमना बहन : *(एक प्लेट आगे बढ़ाते हुए)* लो, ये केसरिया सन्देश बनाए हैं। तुम्हें पसन्द हैं न?

दा साहब : *(मुँह में डालते हुए)* तुम्हारे हाथ की बनाई तो हर चीज़ मुझे पसन्द है।

जमना बहन : ये मेरा नहीं, स्पेन की केसर का कमाल है। ऐसी महक कि तबीयत मस्त हो जाए।

[प्रकाश फिर थाने के दृश्य पर।]

थानेदार : *(बिन्दा के दोनों हाथों को मरोड़ते हुए)* हरामजादे, तेरी मस्ती तो मैं निकालूँगा! *(दर्द से बिन्दा चीख़ पड़ता है)*

[दा साहब के कमरे का दृश्य फिर सजीव।]

दा साहब : *(प्लेट में से एक सन्देश उठाकर जमना बहन के मुँह में देते हुए)* सिर्फ़ खिलाना ही जानती हो, आज तो तुम्हें भी खाना ही पड़ेगा।

जमना बहन : *(लजाकर)* चलो हटो!

[प्रकाश फिर थाने के दृश्य पर।]

थानेदार : मार खा-खाकर भुरकस निकल गया पर बोल नहीं रहा...सूअर की औलाद...तेरी तो! *(पिटाई और चीख़ना)*

[दा साहब के कमरे का दृश्य फिर सजीव।]

जमना बहन : *('मशाल' का ताज़ा अंक पढ़कर सुनाते हुए)* घरेलू उद्योग योजना का रुपया मिलते ही हरिजनों और खेत-मज़दूरों में उत्साह की नई लहर! *(बिन्दा की चीख़)* यदि इसी सक्रियता और कर्मठता से यह योजना चलती रही तो बहुत जल्दी ही गाँव के ग़रीब तबक़े की आर्थिक स्थिति में क्रान्तिकारी परिवर्तन आ जाएगा। *(बिन्दा की चीख़। जमना बहन अख़बार एक ओर रखते हुए)* जिस दिन गाँव की हालत सुधरेगी, उस दिन बापू का सपना पूरा होगा।

दा साहब : और मेरा उद्देश्य।

[थाने का दृश्य फिर सजीव। चौकीदार बिन्दा के दोनों हाथ निर्ममता से मरोड़ देता है और थानेदार इतनी ज़ोर से मारता है कि बिन्दा पहली बार चीख़कर बोलता है।]

बिन्दा : नहीं, मैंने बिसू को नहीं मारा...।

[थानेदार मारता रहता है। बिन्दा की साँस टूटने लगती है, वह ज़मीन पर गिरकर छटपटाने लगता है। चीख़ सुनकर महेश और अधिक अपने पर क़ाबू नहीं रख पाता और थाने के भीतर घुसने को कोशिश करता है। सक्सेना उसे रोकता है।]

महेश : *(सक्सेना को हटाते हुए)* छोड़िए सर...मुझे अन्दर जाना ही होगा!

सक्सेना : क्या करते हो, महेश—होश में आओ! यह कोई तरीक़ा नहीं है अपना ग़ुस्सा दिखाने का।

महेश : आपको बिन्दा की चीख़ें नहीं सुनाई दे रहीं, सर?...जो कुछ हो रहा है वह बहुत तरीक़े से हो रहा है? यह तो सरासर ज़ुल्म है, सर! अब इसे और बरदाश्त नहीं किया जा सकता।

[सक्सेना को ढकेलकर थाने के भीतर घुस जाता है। वहाँ बिन्दा ज़मीन पर पड़ा छटपटा रहा है। एकाएक जोरावर, सिन्हा तथा दा साहब वाले रंगस्थल प्रकाशित और सजीव हो उठते हैं। जोरावर के यहाँ उसी तरह नाच-गाना चल रहा है; सिन्हा के यहाँ हँसी-मज़ाक़ और पीना-पिलाना चल रहा है...दा साहब के यहाँ खाना-खिलाना चल रहा है। कुछ क्षण तक महाभोज के ये दृश्य सक्रिय रहते हैं, फिर धीरे-धीरे तीनों स्थानों पर अँधेरा हो जाता है—केवल थाने पर हलका-सा प्रकाश रह जाता है। ज़मीन पर पड़ा हुआ बिन्दा छटपटा रहा है, कराह रहा

है। गुस्से से तमतमाया हुआ महेश थाने से बाहर आता है, एक क्षण क्रोध की उसी मुद्रा में खड़ा रहता है, फिर चेहरे का भाव बदलकर सूत्रधार के रूप में आगे बढ़ता है। हाथ उठाकर कुछ कहने के लिए मुँह खोलता है, लेकिन कुछ कह नहीं पाता मानो अब स्थिति कहने-सुनने के परे चली गई हो। धीरे-धीरे पूरे मंच पर अन्धकार हो जाता है, लेकिन बिन्दा के कराहने की दर्द-भरी आवाज़ फिर भी गूँजती रहती है!]